CAPITAL HUMANO

Claudemir Y. Oribe

Vencedor do Prêmio *Ser Humano* da ABRH-MG

Rio de Janeiro, 2022

Capital Humano

Copyright © 2022 da Starlin Alta Editora e Consultoria Eireli.
ISBN: 978-65-5520-805-4

Impresso no Brasil — 1ª Edição, 2022 — Edição revisada conforme o Acordo Ortográfico da Língua Portuguesa de 2009.

Todos os direitos estão reservados e protegidos por Lei. Nenhuma parte deste livro, sem autorização prévia por escrito da editora, poderá ser reproduzida ou transmitida. A violação dos Direitos Autorais é crime estabelecido na Lei nº 9.610/98 e com punição de acordo com o artigo 184 do Código Penal.

A editora não se responsabiliza pelo conteúdo da obra, formulada exclusivamente pelo(s) autor(es).

Marcas Registradas: Todos os termos mencionados e reconhecidos como Marca Registrada e/ou Comercial são de responsabilidade de seus proprietários. A editora informa não estar associada a nenhum produto e/ou fornecedor apresentado no livro.

Erratas e arquivos de apoio: No site da editora relatamos, com a devida correção, qualquer erro encontrado em nossos livros, bem como disponibilizamos arquivos de apoio se aplicáveis à obra em questão.

Acesse o site www.altabooks.com.br e procure pelo título do livro desejado para ter acesso às erratas, aos arquivos de apoio e/ou a outros conteúdos aplicáveis à obra.

Suporte Técnico: A obra é comercializada na forma em que está, sem direito a suporte técnico ou orientação pessoal/exclusiva ao leitor.

A editora não se responsabiliza pela manutenção, atualização e idioma dos sites referidos pelos autores nesta obra.

Dados Internacionais de Catalogação na Publicação (CIP) de acordo com ISBD

O69c Oribe, Claudemir Y.
 Capital Humano: desenvolvendo planos de treinamento realmente eficazes / Claudemir Y. Oribe. – Rio de Janeiro : Alta Books, 2022.
 256 p. ; 17m x 24cm.

 Inclui índice.
 ISBN: 978-65-5520-805-4

 1. Administração. 2. Treinamento. 3. Plano de treinamento. I. Título.

CDD 658
2022-1230 CDU 65

Elaborado por Vagner Rodolfo da Silva - CRB-8/9410

Índice para catálogo sistemático:
1. Administração 658
2. Administração 65

Produção Editorial
Editora Alta Books

Diretor Editorial
Anderson Vieira
anderson.vieira@altabooks.com.br

Editor
José Ruggeri
j.rugeri@altabooks.com.br

Gerência Comercial
Claudio Lima
claudio@altabooks.com.br

Gerência Marketing
Andrea Guatiello
andrea@altabooks.com.br

Coordenação Comercial
Thiago Biaggi

Coordenação de Eventos
Viviane Paiva
comercial@altabooks.com.br

Coordenação ADM/Finc.
Solange Souza

Direitos Autorais
Raquel Porto
rights@altabooks.com.br

Assistente Editorial
Gabriela Paiva

Produtores Editoriais
Illysabelle Trajano
Maria de Lourdes Borges
Paulo Gomes
Thales Silva
Thiê Alves

Equipe Comercial
Adriana Baricelli
Daiana Costa
Fillipe Amorim
Heber Garcia
Kaique Luiz
Maira Conceição

Equipe Editorial
Beatriz de Assis
Betânia Santos
Brenda Rodrigues
Caroline David
Kelry Oliveira
Henrique Waldez
Marcelli Ferreira
Matheus Mello

Marketing Editorial
Jessica Nogueira
Livia Carvalho
Marcelo Santos
Pedro Guimarães
Thiago Brito

Atuaram na edição desta obra:

Revisão Gramatical
Ana Mota
Kamila Wozniak

Diagramação e Capa
Rita Motta

Editora afiliada à:

ASSOCIADO

Rua Viúva Cláudio, 291 — Bairro Industrial do Jacaré
CEP: 20.970-031 — Rio de Janeiro (RJ)
Tels.: (21) 3278-8069 / 3278-8419
www.altabooks.com.br — altabooks@altabooks.com.br
Ouvidoria: ouvidoria@altabooks.com.br

À Andréa, minha companheira de estrada.

AGRADECIMENTOS

Aos profissionais de Recursos Humanos, pelas trocas de experiências e receptividade em centenas de eventos de T&D realizados em todas as regiões do Brasil e em Portugal.

Minhas amigas e profissionais de desenvolvimento humano, Magda Santos Costa, Silmara Agda de Almeida Pereira e Elaine Frois, pela disposição na revisão técnica do texto.

Viviane Alves Queiroga e Tatiana Ferraz Costa, profissionais de RH dos Correios de Belo Horizonte, pela análise da primeira versão e pela receptividade que tiveram ao discutir temas relacionados ao T&D corporativo.

Sergio Henrique Marchetti, profissional a quem muito respeito, pela leitura cuidadosa do texto e comentários que chancelam esta obra, e Rose Marchetti pela amizade, companheirismo e presença positiva.

Aos consultores e parceiros regionais da Qualypro, que têm permitido levar o conhecimento a cada pedaço deste nosso imenso país.

Minha família, pela paciência e compreensão de minha ausência durante a elaboração deste trabalho.

ÍNDICE FIGURAS

Figura 1 • Processo de treinamento segundo a ISO 10.015. 37

Figura 2 • Processos típicos de T&D. 38

Figura 3 • Objetivos do LNT: sequência de prioridades. 42

Figura 4 • Relação entre propósito, aprendizagem e resultado. 45

Figura 5 • Atores e dinâmica do LNT reativo. 46

Figura 6 • Macroetapas de um LNT. 50

Figura 7 • Etapas da Definição de Necessidades de Treinamento
da ISO 10.015:2001 53

Figura 8 • Modelo de avaliação de necessidades de Deborah Tobey. 53

Figura 9 • Os seis "passos básicos" de Sharpe. 53

Figura 10 • Miniavaliação de necessidades de Gupta. 54

Figura 11 • Relação entre o LNT e os tipos de resultado. 55

Figura 12 • Diagrama *top-down* de um processo completo de LNT. 58

Figura 13 • Formas de aumentar o desempenho organizacional. 75

Figura 14 • Exemplo de construto (satisfação do empregado). 91

Figura 15 • Exemplos de escala de diferencial semântico de
seis pontos. 92

Figura 16 • Diagrama de atividades do Grupo Focal. 100

Figura 17 • Pirâmide da competência. 105

Figura 18 • Diagrama esquemático do modelo de LNT por
competências. 108

Figura 19 • Exemplo de LNT com Matriz de Habilidades. 120

Figura 20 • Composição do desempenho individual. 123

Figura 21 • Exemplo de LNT com avaliação de desempenho. 125

Figura 22 • Desdobramento das lacunas de competência em uma avaliação de desempenho. 126

Figura 23 • Etapas do Task Analysis. 129

Figura 24 • Exemplo de pré-teste (tema de MASP). 138

Figura 25 • Exemplo de tabulação de resultados de pré-teste. 139

Figura 26 • Exemplo de cronograma de projeto com LNT. 146

Figura 27 • Diagrama de blocos de um LNT documental. 150

Figura 28 • Exemplo de escala em pesquisa estimulada. 154

Figura 29 • Exemplo de tabulação de resultados. 156

Figura 30 • Identificação de outras necessidades no LNT. 159

Figura 31 • Ciclo de provisão de competências, baseado na ISO 9001... 164

Figura 32 • Matriz de Competências. 166

Figura 33 • Organização e hierarquia de um Plano de Treinamento. 179

Figura 34 • Perfis profissionais adequados aos níveis de avaliação de resultados de T&D. 204

Figura 35 • Papéis para o desenvolvimento de pessoas. 222

Figura 36 • Estrutura horizontal por processo. 226

Figura 37 • Estrutura da equipe de T&D por tipo. 227

Figura 38 • Sequência de estrutura da gestão do desenvolvimento de pessoas. 230

Figura 39 • O Logic Model do processo de treinamento (Traduzido pelo autor). 232

Figura 40 • Exemplo 1: Processo de gestão de competências de empresa do setor privado. 234

Figura 41 • Exemplo 2: Processo de gestão de competências de entidade do setor público. 235

ÍNDICE TABELAS

Tabela 1 • Exemplo de cálculo de gap.. 114

Tabela 2 • Exemplo de descrição de gap.. 114

Tabela 3 • Dados do Plano de Treinamento. 180

ÍNDICE QUADROS

Quadro 1 • Contexto do trabalho e estratégias de LNT............................ 49

Quadro 2 • Questões relacionadas à sondagem e à análise do contexto... 59

Quadro 3 • Questões relacionadas à identificação de problemas e às oportunidades.. 60

Quadro 4 • Questões relacionadas à seleção de métodos de LNT............ 60

Quadro 5 • Questões relacionadas à coleta de dados de competências. .. 61

Quadro 6 • Questões relacionadas à prescrição de ações de aprendizagem. 62

Quadro 7 • Questões relacionadas à elaboração do plano de treinamento. 63

Quadro 8 • Aspectos do contexto a analisar e considerar no desenvolvimento de pessoas. 70

Quadro 9 • Aspectos a analisar e considerar no desenvolvimento de pessoas. 73

Quadro 10 • Exemplos de diagnóstico de problemas................................ 83

Quadro 11 • Exemplos de escalas de Likert de cinco pontos.................... 92

Quadro 12 • Exemplo de planilha de consolidação dos gaps................... 115

Quadro 13 • Exemplos de habilidades. 117

Quadro 14 • Esquema básico da matriz de habilidades. 119

Quadro 15 • Propriedades de uma análise de *big data*. 151

Quadro 16 • Objetivos básicos dos atores envolvidos com o T&D. 182

Quadro 17 • Exemplos de objetivos instrucionais, segundo o padrão de Mager. 184

Quadro 18 • Resumo da tipologia TOP. 196

Quadro 19 • Exemplos de perfis de investimento em T&D. 197

Quadro 20 • Matriz de escolha de métodos de avaliação. 199

Quadro 21 • Especialização do profissional de T&D por tipo. 203

Quadro 22 • Diferenças entre Treinamento e Instrução. 236

ÍNDICE FORMULÁRIOS

Formulário 1 • LNT por Desdobramento Estratégico. 78

Formulário 2 • LNT para Resultados. (Página 1) 81

Formulário 3 • Exemplo de survey (Página 1) 93

Formulário 4 • Gap Analysis (exemplo preenchido – página 1) 109

Formulário 5 • Exemplo de PDI. 127

Formulário 6 • Task Analysis (com exemplo). 130

Formulário 7 • Exemplo de Pesquisa Estimulada. 155

Formulário 8 • Análise de Riscos em T&D. 162

Formulário 9 • Solicitação de Treinamento (exemplo preenchido) 201

Formulário 10 • Especificação de treinamento. (Página 1) 211

ÍNDICE DE SIGLAS

Sigla	Significado
6Ds	Determinar, Desenhar, Direcionar, Definir, Dar, Documentar (ver WICK, JEFFERSON e POLLOCK, 2011)
ABRH	Associação Brasileira de Recursos Humanos
ART ou AET	Avaliação de Resultados de Treinamento ou Avaliação de Eficácia de Treinamento
BP	Business Partner
CAV	Ciclo de Aprendizagem Vivencial
CHA	Conhecimentos, Habilidades e Atitudes
CLO	Chief Learning Officer
DNA	Definição de Necessidades de Aprendizagem
EaD	Educação a Distância
ERP	*Enterprise Resource Planning*; o mesmo que Planejamento de Recursos Empresariais
HH	Homem × Hora (multiplicação da quantidade de participantes pela duração do treinamento)
ISO	International Organization for Standardization
LNT	Levantamento de Necessidades de Treinamento
MASP	Método de Análise e Solução de Problemas
NA	Não se aplica
OCS	Organismo de Certificação de Sistemas
OJT	*On the Job Training*; ou treinamento no local de trabalho
PDCA	*Plan, Do, Check* e *Act*, que significam Planejar, Fazer, Avaliar e Agir
PDI	Plano de Desenvolvimento Individual
PDP	Plano de Desenvolvimento de Pessoas

PMBOK®	*Guide to the Project Management Body of Knowledge* (ou guia para o conjunto de conhecimentos de gerenciamento de projetos)
PMI	Project Management Institute
RH	Recursos Humanos
ROE	*Return on Expectations*
ROI	*Return on Investment*
SPSS	*Statistical Package for the Social Sciences*
T&D	Treinamento e Desenvolvimento

SUMÁRIO

PREFÁCIO 1 xxi

PREFÁCIO 2 xxiii

APRESENTAÇÃO xxvii

PARTE 1. INTRODUÇÃO E CONCEITOS 31

PROCESSOS DE T&D 36

DEFINIÇÃO DE LNT 39

OBJETIVOS DO LNT 41

EM QUE MOMENTO COMEÇA O LNT 44

O LNT TÍPICO E REATIVO 45

FALSOS PRESSUPOSTOS DO LNT REATIVO 47

ETAPAS DE UM LNT ESTRUTURADO 48

A METODOLOGIA DE LNT 51

A RELAÇÃO ENTRE O LNT E OS RESULTADOS 54

O PROCESSO DE LNT 57

QUESTÕES PARA DISCUSSÃO E SUGESTÕES DE APLICAÇÃO 65

PARTE 2. SITUAÇÕES E MÉTODOS DE LNT 67

MÉTODOS E INSTRUMENTOS 71

IMPLANTAÇÃO DE PLANO ESTRATÉGICO: DESDOBRAMENTO ESTRATÉGICO 72

MELHORIA DE RESULTADOS: TREINAMENTO PARA RESULTADOS 79

DESENVOLVIMENTO COMPORTAMENTAL: *SURVEY* 85

DESENVOLVIMENTO DE LIDERANÇAS E EQUIPES: GRUPO FOCAL 99

DESENVOLVIMENTO DE COMPETÊNCIAS: GAP ANALYSIS 104

HABILIDADES TÉCNICAS/FUNCIONAIS: MATRIZ DE HABILIDADES 116

MELHORIA DO DESEMPENHO: AVALIAÇÃO DE DESEMPENHO 122

EXECUÇÃO DE TAREFA, META OU OBJETIVO: TASK ANALYSIS 128

xix

CONHECIMENTOS COMO PRÉ-REQUISITOS: PRÉ-TESTE...................................... 132

NOVOS PROJETOS: TASK ANALYSIS E CRONOGRAMA..................................... 140

REQUISITOS EM DOCUMENTOS: LNT DOCUMENTAL.. 147

NECESSIDADES FACILMENTE IDENTIFICÁVEIS: PESQUISA ESTIMULADA............... 151

NECESSIDADES PARA APLICAÇÃO DO TREINAMENTO: ANÁLISE DE RISCOS........ 157

O LNT NA ISO 9001 E OUTROS SISTEMAS DE GESTÃO.................................... 163

QUANDO O LNT ESTRUTURADO NÃO É INDICADO 167

Plano de treinamento por estimativa.. 168
Como fazer diante da falta de recursos financeiros................................. 169
Treinando para um futuro incerto e nebuloso 170
QUESTÕES PARA DISCUSSÃO E SUGESTÕES DE APLICAÇÃO...................... 172

PARTE 3.   PLANO DE TREINAMENTO 175

O QUE FAZ PARTE DO LNT.. 177

REDAÇÃO DE OBJETIVOS INSTRUCIONAIS 181

ANÁLISE DO PÚBLICO-ALVO 185

Quanto ao posicionamento na estrutura 186
Quanto à faixa etária... 187
Quanto ao gênero... 187
Quanto à formação educacional 187
Grupos específicos.. 188

TIPOLOGIA DE TREINAMENTOS 190

Valorativo.. 194
Informativo 194
Normativo 194
Humanista... 195
Pragmático.. 195
Definição do Perfil do Investimento em Treinamento 197
Escolha do Método de Avaliação de Eficácia 198
Estruturação da equipe de T&D 202

ANÁLISE DE VIABILIDADE 204

FORMATO DE APRESENTAÇÃO 206

DEFENDENDO O PLANO 208

ESPECIFICAÇÃO DE TREINAMENTO.. 209

REVISÃO DO PLANO DE TREINAMENTO 214
QUESTÕES PARA DISCUSSÃO E SUGESTÕES DE APLICAÇÃO...................... 216

PARTE 4.   A EQUIPE DE T&D 219

COMPETÊNCIAS RELEVANTES PARA PROFISSIONAIS DE T&D............................ 221

ESTRUTURAÇÃO DE EQUIPE DE ANALISTAS.. 225
QUESTÕES PARA DISCUSSÃO E SUGESTÕES DE APLICAÇÃO...................... 228

APÊNDICES 229

APÊNDICE A — PROCESSOS DE T&D 229

APÊNDICE B — DIFERENÇAS ENTRE TREINAMENTO E INSTRUÇÃO 236

GLOSSÁRIO 237

REFERÊNCIAS... 247

ÍNDICE.. 251

PREFÁCIO I

O mundo passa por transformações diversas ao longo da existência humana e, consequentemente, as organizações são influenciadas e precisam se preparar para manter sua capacidade de continuar sendo competitivas. Embora a humanidade esteja sempre mudando, pode-se dizer que o momento atual do mundo seja aquele no qual as mudanças são as mais intensas e diversas experimentadas pelo ser humano, sendo assim, torna-se ainda maior a importância de treinar e desenvolver pessoas, recapacitando-as para que tenham a oportunidade de encontrar um lugar nesse novo mundo que se renova continuamente.

Nesta obra, Claudemir Oribe fez um lindo trabalho ao organizar conceitos e ferramentas sobre LNT, com uma linguagem simples, muito acessível para todos os profissionais, sem importar quantos anos de experiência na área esse profissional já possua.

A leitura é, ao mesmo tempo: leve, simples, significante e muito profissional, pois o autor conseguiu conjugar ferramentas e conceitos fundamentais que possibilitam o aumento da consciência da importância e da necessidade de que o LNT seja levado a sério por todos os profissionais, não apenas os da área de treinamento, mas também os demais profissionais da área de gestão de pessoas, bem como os seus clientes.

Claudemir soube utilizar seus mais de 25 anos de experiência atuando na área de gestão de treinamento, como empreendedor e consultor em desenvolvimento de negócios. Com grande preocupação didática, criou uma pérola que poderá facilitar muito a vida de quem atua nessa área. Suas vivências práticas possibilitaram a produção desta obra que vale a pena ser lida e mantida como livro de cabeceira por aqueles que querem realizar um trabalho de qualidade, encantando os clientes e realmente contribuindo para o aumento da competitividade das empresas em geral.

Carlos Hilário de Andrade
Diretor de Recursos Humanos
Anglo American Brasil

PREFÁCIO 2

"O correr da vida embrulha tudo. A vida é assim: esquenta e esfria, aperta e daí afrouxa, sossega e depois desinquieta. O que ela quer da gente é coragem." João Guimarães Rosa se formou em medicina, mas, verdadeiramente, era um tratador de almas, outra especialidade que o momento exige, pois se a dor marcada pela pandemia é inevitável, o sofrimento é opcional.

Não seremos os mesmos, tampouco serão as formas como trabalhamos, consumimos, interagimos e aprendemos. A transformação digital foi acelerada, mudando exponencialmente o comportamento humano e os modelos de liderança.

Os impactos que adoecem a nossa saúde mental nos obrigam a uma pausa voluntária, que enseje a revisão da nossa agenda e a adoção de hábitos mais saudáveis. Quem ainda não assimilou essa noção, está mais sujeito a distúrbios, tais como ansiedade, depressão ou Síndrome de Burnout.

É bem verdade que, como Alvin Toffler ministra, "O analfabeto do século XXI não será aquele que não consegue ler e escrever, mas aquele que não consegue aprender, desaprender e reaprender". Então, é inadiável a adoção de uma postura aberta ao conhecimento, nos mostrando que, compartilhando conhecimentos, o desenvolvimento das nossas habilidades técnicas e de nosso comportamento determinará o sucesso pessoal.

A qualidade das relações também impacta diretamente os resultados buscados. A sua saúde mental no ambiente de trabalho importa e a mudança começa quando você percebe que olhar para si mesmo é o primeiro passo para o bem-estar emocional. BANI — Brittle (Frágil), Anxious (Ansioso), Nonlinear (Não linear) e Incomprehensible (Incompreensível) — é uma lógica que determina como sua postura pessoal deve ser daqui por diante. Busque sempre desenvolver suas habilidades, adquira novos conhecimentos, coloque foco no que realiza. Precisamos ser mais que resilientes, precisamos nos tornar sólidos e efetivos para fazermos toda a diferença construtiva.

"O corpo do maior bambu não é grande em comparação a muitas outras árvores da floresta. Mas ele pode suportar invernos frios e verões muito quentes e são por vezes as únicas árvores que ficam de pé após uma tempestade." Assim, cultive o chamado para a ação do "life long learning", que é a compreensão de que para se manter preparado é fundamental entender a educação como um processo ininterrupto.

Steve Jobs finalizou um discurso na Universidade de Stanford com a seguinte frase: "Stay hungry, stay foolish" (Mantenha-se faminto, mantenha-se tolo). A mensagem dele foi um convite aos estudantes para olharem para a importância do aprendizado contínuo.

Nessa direção, Claudemir Oribe, profissional que possui vasta e longeva experiência de educação, fundamental para o aperfeiçoamento humano, propicia qualidade e qualificação de excelência para os que buscam seu desenvolvimento no eterno desafio de aprender e reaprender. Aqui, em especial, sobre conceitos, processos, métodos e ferramentas para o Levantamento de Necessidades de Treinamento — LNT — pois, citando a preciosa lição do nosso prefaciado: "Selecionar pessoas competentes e ajustar essas competências no tempo para adaptá-las às novas realidades é um trabalho essencial para o sucesso organizacional, e mesmo da sociedade. Aprender constantemente foi, e continua sendo, uma condição essencial para a sobrevivência em todos os sentidos."

Na crise, e sempre, os que aprendem coisas novas, que reaprendem lições fundamentais e que criam oportunidades serão os profissionais mais fortalecidos e robustos.

Esta indispensável obra nos sinaliza que não estamos somente vencendo o presente com a coragem que Guimarães Rosa pregou, estamos nos tornando melhores. Os Selecionadores imprescindíveis procuram os talentos dotados das características comportamentais e técnicas, mas que, em seus perfis, tenham boa dose da habilidade cognitiva, que, como Gottfredson leciona, pode ser definida como uma "capacidade mental que envolve a capacidade de raciocinar, planejar, resolver problemas, pensar abstratamente, compreender ideias complexas, aprender rapidamente e aprender com a experiência".

Eliane Maria Ramos de Vasconcellos Paes
Presidente ABRH-MG
Presidente do Conselho Estratégico de Recursos Humanos, ACMinas
Diretora Regional Predictive Index, PI

APRESENTAÇÃO

O mundo evolui rapidamente e as práticas de gestão vêm e vão ao sabor do vento e das ondas das tendências e leituras do momento. No RH não é diferente. As questões externas da competitividade acabam repercutindo nas pessoas e nas equipes, bem como a forma de gerenciá-las. Diante das crises, como a da pandemia que estamos passando neste momento, quando este livro é finalizado, os processos se retraem e as decisões são concentradas em poucas pessoas. Por um lado todos sofrem, mas por outro as oportunidades afloram.

Este livro procura explorar e contribuir com a gestão estruturada do desenvolvimento de pessoas. Trata-se de um enfoque sobre processos e desempenho organizacional. As organizações precisam de pessoas e vice-versa. Nessa simbiose, ambas as partes precisam estabelecer padrões de comportamento que conciliem seus interesses, bem como de outras partes interessadas. A questão, então, se encontra no ponto em que os desejos de todos se unem para formar uma sociedade justa, dinâmica e empreendedora.

Por isso, os processos de T&D precisam ser bem estruturados para que aumentem as chances de proporcionar esse sucesso comum. É esse o propósito deste livro: ajudar o profissional dessa área a desenvolver seus processos de forma consistente com a organização e coerente entre si.

A Parte 1, Introdução e Conceitos, apresenta uma abordagem ampla e generalizada acerca da importância do T&D na empresa, bem como os elementos que formam essa atividade. Apresentamos as falhas comuns e os modelos para a construção de estruturas particulares nas organizações. Sua leitura ajudará o profissional a resgatar os conceitos fundamentais, sobre os quais a prática se sustenta.

A Parte 2, Situações e Métodos de LNT, é dedicada a descrever alguns métodos a partir de situações típicas encontradas nas empresas. Dessa forma, os métodos decorrem de uma condição de contexto e não se justificam pela preferência deste ou daquele. Procurou-se aqui relacionar e descrever um conjunto amplo de métodos para oferecer ao leitor uma variedade de soluções que servirão aos propósitos organizacionais. O usuário pode escolher e adaptar aqueles que considerar mais convenientes, segundo sua realidade e necessidade.

Já na Parte 3, Plano de Treinamento, é abordado o processo de elaboração do planejamento, necessário para a realização dos treinamentos identificados, usando ou não os métodos anteriores. São dadas atenção para o objetivo instrucional, a análise do público-alvo para a classificação dos eventos, e apresentação para aprovação. Uma tipologia de treinamentos é apresentada e sua aplicação traz uma série de vantagens para o processo.

A Parte 4, A Equipe de T&D, poderia ser um apêndice, pois não está diretamente conectada ao processo de LNT. Porém, dada a escassez de referências acerca da estruturação e da organização da equipe, bem como as competências individuais dos profissionais, optou-se por complementar o conjunto da obra. A função ao adentrar nesse tipo de tópico é sempre o de contribuir, colocando um bloco a mais na construção dos conceitos e fundamentos da gestão do T&D.

Na parte de Apêndices são apresentadas duas contribuições adicionais. No Apêndice A, Processos de T&D, é mostrado um modelo genérico de gestão de treinamento e desenvolvimento e dois exemplos de processos particulares. Espero que sirvam de referência para o desenho de processos semelhantes nas organizações dos leitores e dos profissionais interessados.

Já no Apêndice B, Diferença entre Treinamento e Instrução, é descrita a diferença entre essas duas atividades de aprendizagem que são frequentemente confundidas como equivalentes. Essa distinção pode ajudar os profissionais de T&D a definir processos diferentes para cada tipo, possibilitando economia de tempo, esforço e otimização do seu trabalho.

O livro termina com um Glossário contendo os termos usados e a Bibliografia consultada para a fundamentação de parte do conteúdo aqui descrito.

Tudo neste livro reflete não apenas a fundamentação descrita em bibliografias consolidadas, mas a extensa aplicação em eventos de treinamento e consultoria em empresas, em mais de vinte anos de estudo e trabalho.

Espero que o leitor possa apreciar a leitura e aproveitá-la da melhor forma, para proporcionar sucesso deliberado a pessoas, equipes e organizações.

Claudemir Y. Oribe
Belo Horizonte, julho de 2021.

PARTE

INTRODUÇÃO E CONCEITOS

01

OBJETIVO DO CAPÍTULO

O objetivo deste capítulo é apresentar a atividade de treinamento e desenvolvimento de pessoas e caracterizar o LNT como parte de um processo mais amplo e interligado, ressaltando sua metodologia, suas etapas e seus pressupostos para uma execução efetiva.

É essencial que o profissional de T&D conheça os elementos conceituais fundamentais, decorrências do estilo de trabalho escolhido, e saiba distinguir um LNT consistente daquele realizado de forma empírica e menos estruturada.

*"Se você acha que
a educação é cara,
experimente a ignorância."*

Derek Bok
Ex-presidente da Universidade de Harvard

INTRODUÇÃO E CONCEITOS

As organizações estão constantemente em busca de desenvolver ou aperfeiçoar competências para gerar alguma vantagem competitiva ou diferencial, em termos de inovação, eficiência ou desempenho em seus processos e resultados. Para tal, o investimento em treinamento é vital pois é a partir dele que as pessoas — e mesmo a própria organização — podem aprender cada vez mais, tornando-se mais eficazes e adaptadas a um ambiente em constante mudança.

Cabe à área de Gestão de Pessoas ou à de Recursos Humanos, dentre outras responsabilidades, prover as competências necessárias ao negócio, através da captação e do treinamento e desenvolvimento (T&D).

Desenvolver pessoas é uma das funções organizacionais mais nobres. O foco do treinamento e desenvolvimento deve ser prioritariamente o de contribuir para o alcance das metas e dos objetivos gerais da organização, enquanto macro-objetivos. É fundamental que haja o envolvimento de todos os níveis de lideranças no processo de planejamento e acompanhamento dos resultados dos treinamentos. Buscar provar que existe uma correlação positiva entre o investimento em treinamento, bem como o alcance das metas e das estratégias, é uma missão que o RH deve assumir de forma permanente.

Desenvolver pessoas é fundamental para o funcionamento do negócio, pois:

- ▷ provê as competências mínimas necessárias;
- ▷ permite cumprir os objetivos funcionais e organizacionais;
- ▷ apoia os processos de mudança;
- ▷ contribui para o crescimento das pessoas.

Entretanto, nem sempre os interesses das diversas partes envolvidas (stakeholders) são os mesmos. Há interesses individuais, das equipes, da organização e de outros atores sociais envolvidos. Nesse contexto, pode-se afirmar que desenvolver pessoas é uma função ambivalente, pois procura atender aos interesses das pessoas e das organizações. O desafio é conciliá-los, de maneira a gerar motivação, engajamento e resultados perceptíveis, tanto para os indivíduos, quanto para a organização.

Para tal, é preciso identificar necessidades através do uso de metodologias bem escolhidas e construídas, para que o processo não gere desmotivação, expectativas desfocadas ou, ainda, resultados difusos ou duvidosos. Esse processo de identificação é denominado Levantamento de Necessidades de Treinamento (LNT). É um processo que faz parte das atividades de Treinamento e Desenvolvimento, um dos subsistemas da disciplina de Gestão de Pessoas ou, tradicionalmente, de Recursos Humanos. Ele tem por finalidade incrementar o desenvolvimento profissional e pessoal dos profissionais, de maneira a contribuir para os resultados da organização e atender às expectativas das pessoas. Tal processo envolve diversas etapas e passos metodológicos, além de alternativas que precisam ser analisadas para uma execução bem-sucedida.

Todo esse cuidado talvez não fosse necessário se não houvesse riscos pelo percurso. Toda iniciativa contém certo grau potencial de insucesso e o LNT não foge desse destino. A incerteza do resultado é considerável e isso se deve a vários fatores, sobretudo de ordem metodológica e de competência dos próprios profissionais de RH. Em consequência, as empresas, de maneira geral, acabam se tornando céticas para dispor de recursos financeiros para treinamento. E não adianta clamar, em altos brados, que as empresas deveriam enxergar o treinamento como investimento! Literalmente falando, investimentos são aplicações financeiras que, antes de serem feitas, precisam responder positiva e favoravelmente a, pelo menos, três questões essenciais:

- ▷ Qual será o retorno?
- ▷ Em quanto tempo o retorno acontecerá?
- ▷ Qual o risco de que o investimento se perca e não retorne?

Ninguém, em sã consciência, investiria seus recursos sem ao menos estimar estas variáveis: o retorno, a liquidez e o risco. Elas precisam ser minimamente satisfatórias para desencadear uma decisão favorável. O fato curioso é que não se costuma encontrar um plano de treinamento fornecendo tais informações.

Nenhum plano de treinamento indica os retornos, sejam eles quais forem, os momentos quando deverão ocorrer e o potencial de chance de insucesso. Esses aspectos não são apresentados em dados quantitativos, e nem mesmo em termos qualitativos. A retórica do RH usa do argumento do investimento, mas o pedido de recursos se assemelha a uma demanda a fundo perdido. O investimento é uma metáfora que tem sido convenientemente empregada.

Alguns perguntarão: "Mas qual o problema de usar uma metáfora para argumentar sobre um esforço digno e nobre, como é o caso do investimento humano?". A resposta é: nenhum, nenhum problema, salvo o fato de que a liderança decisória talvez não tenha esse mesmo entendimento. Na verdade, a liderança estratégica, habituada a lidar com números e prestar contas dos resultados aos acionistas, possui um entendimento bastante concreto sobre investimentos. Qualquer um que bata à sua porta, terá que provar o retorno dos recursos que solicita, antes que esses sejam aprovados e concedidos. Isso tem acontecido com os plano de treinamento, que sofrem todo tipo de interferência e cortes, sem ocasionar qualquer reflexão acerca dos benefícios.

Entretanto, existem outros percalços. Frequentemente os próprios beneficiados dos programas — as pessoas — não são estimulados a aprender, nem desejam saber além do que já sabem. Analistas têm que arrastá-los para a sala de treinamento. O maior risco para um profissional de RH, atuando num contexto tão adverso, é o de perceber que não consegue atender a ninguém. Sem foco e sem adaptação do processo de aprendizagem, corre o risco de unir o inútil ao desagradável.

Então, se o RH deseja ganhar a confiança e a credibilidade para pleitear investimentos progressivamente maiores, precisa falar a língua da liderança. É preciso construir os processos de forma a dar uma resposta estratégica, tangibilizando ao máximo o que puder ser concretizado. Por isso, as grandes lacunas metodológicas da gestão de desenvolvimento de pessoas são as pontas: o levantamento de necessidades e a avaliação de resultados. O meio, o RH tem feito excepcionalmente bem, pois conduz programas bem desenhados e organizados. Porém, a carência de resultados, o que fragiliza todo o processo, é decorrente das falhas metodológicas da identificação inicial. Por isso o LNT precisa ser executado de forma mais estruturada.

PROCESSOS DE T&D

Desenvolver pessoas é função intrínseca da liderança. O RH o faz porque ele é "contratado" para executar esse trabalho, devido às especialidades envolvidas e também ao custo associado[1]. Esses custos seriam certamente maiores se cada área da empresa fizesse as mesmas atividades, e se os eventos não reunissem pessoas com as mesmas necessidades, para compor turmas maiores, usando os mesmos recursos. Porém, o fato de as áreas e as lideranças contarem com profissionais, e por vezes, equipes completas e especializadas, não os isenta da responsabilidade de desenvolver pessoas, tanto para o benefício delas quanto para o da organização. Por outro lado, qualquer um que contrate um serviço espera dele um nível de especialização e suporte metodológico superior.

Então, se o RH não tiver essas especialidades, não estiver metodologicamente amparado e não tiver um custo razoável, a transferência das atividades para o RH não fará sentido. Embora atuem em conjunto, ambos os atores organizacionais precisam trabalhar de forma alinhada, sincronizada e buscando os mesmos propósitos. Para que isso aconteça, um processo sistematizado precisa ser construído, a partir de macroetapas básicas, segundo o contexto, os objetivos e a cultura organizacional.

O RH tem diversas responsabilidades organizacionais. Por isso, se estrutura segundo subsistemas, dentre eles, o de desenvolvimento de pessoas. O LNT é uma parte desse subsistema e, dependendo de como a empresa se organiza, pode se desdobrar em outros processos, subprocessos, atividades e tarefas. Os processos são as atividades, executadas em sequência e usando os recursos necessários para transformar entradas em saídas. O seu desenho é uma das atividades prioritárias do planejamento do trabalho e pode requerer algum estudo para sua construção. Por isso, pode ser mais produtivo partir de modelos de referência conhecidos ou já concebidos previamente.

A norma ISO 10.015 é um modelo de referência para a construção de processos de T&D. Ela traça diretrizes gerais de um processo e orienta a construção de um modelo particular. A primeira versão da norma foi publicada no Brasil

---

[1] Conforme afirma Bichuetti, os programas de treinamento e desenvolvimento têm de ser elaborados e conduzidos em conjunto entre a área de RH e os gestores; afinal, "[...] quem tem de conhecer as competências, as qualificações e as necessidades de desenvolvimento das pessoas que trabalham em uma área são seus gestores". Ver Bichuetti (2015).

CAPITAL HUMANO

em 2001, e a segunda versão, em 2020. No modelo mais recente, a norma usa o ciclo PDCA como pano de fundo para estruturar um processo genérico de T&D. O PDCA é um dos mais importante conceitos da área da gestão da qualidade. A partir dele, qualquer processo pode ser desdobrado e desenhado[2].

Figura I • Processo de treinamento segundo a ISO 10.015.

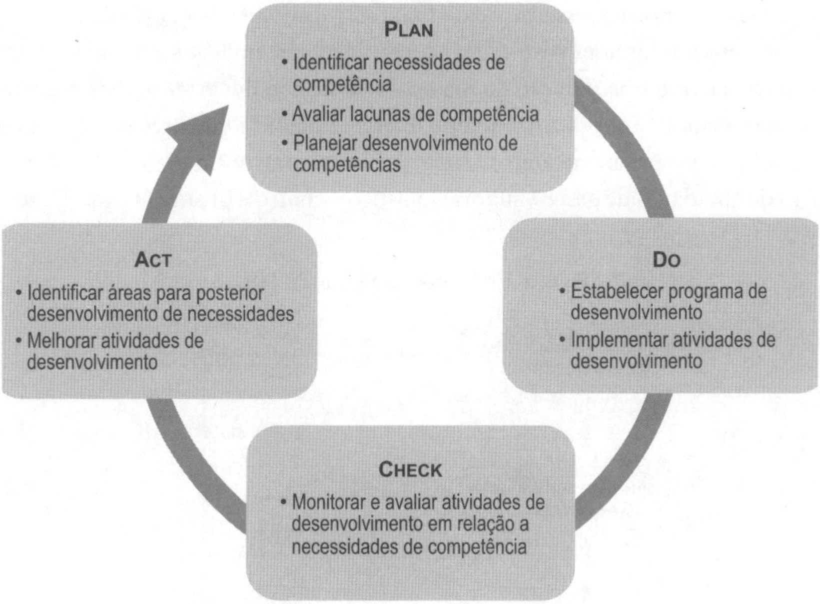

Fonte: NBR ISO 10.015:2020.

A norma é um guia para a gestão de competências e para o desenvolvimento de pessoas, sobretudo em um contexto em que outra norma de sistema de gestão esteja implementada. A ISO 10.015:2020 possui um viés abrangente para gestão de competências, uma vez que recomenda ações para a gestão de competências individuais, coletivas — de equipes e grupos — e organizacionais.

Em termos de processo, ela inclui a avaliação de necessidades, o planejamento das atividades, a implementação, a avaliação e encerra com a redefinição de necessidades de competências futuras. A vantagem de ter uma norma como

---

[2] O PDCA é a sigla formada pelas iniciais de *Plan*, *Do*, *Check* e *Act*, que significa Planejar, Fazer, Avaliar e Agir. São etapas básicas que qualquer método, técnica, processo ou tarefa deveria conter para ser "completo". Como se trata de etapas amplas, elas precisam ser descritas em passos menores e específicos do trabalho que precisa ser feito.

a ISO 10.015 à mão é a possibilidade de usá-la como referência para construir um processo próprio, conforme a mesma estrutura apresentada, ou apenas em algumas partes.

Outro modelo, que também se apresenta como estrutura básica para processos de treinamento, é proposta pelo casal Patricia e Jack Phillips, membros bastante ativos da *ATD — The Association for Talent Development*. Além das mesmas etapas da norma, esse modelo (Figura 2) distingue as etapas de entrega e implementação. Embora costumem acontecer juntas, podem ser separadas. Isso acontece quando a preparação do material didático ou dos recursos instrucionais e tecnológicos é feita por uma equipe diferente daquela que executa o plano de aprendizado propriamente dito. O suporte administrativo e o *overhead*[3] se constituem de atividades de gestão, suporte logístico e controle orçamentário.

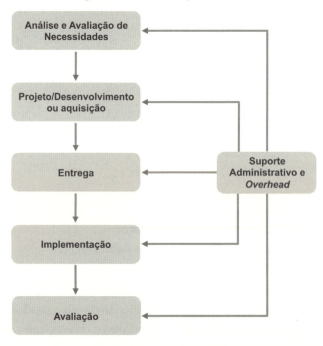

Figura 2 • Processos típicos de T&D.

Fonte: Phillips e Phillips, 2007.

---

[3] O *overhead* é um grupo de custos, também chamado de custos indiretos, que compreendem as despesas gerais e os custos sem vinculação com a produção de um produto, ou prestação de um serviço. Geralmente são despesas administrativas e fixas.

Os dois modelos mostrados anteriormente não são exclusivos. São apenas duas entre diversas visões de especialistas e autores. Existem outros, que representam diferentes leituras, perspectivas e que sequenciam um conjunto de processos mais ou menos da mesma forma, porém com algum detalhe ou foco específico. O fato relevante é que esses modelos servem de referência para a construção de modelos organizacionais específicos para quem precisa estruturar seus sistemas de gestão de treinamento, desenvolvimento e aprendizagem. Um processo semelhante, desdobrado em mais partes, precisa ser discutido e estruturado internamente para que fique evidente o *modus operandi* da organização, garantindo que as diretrizes sejam contempladas, desencadeando em ganho de credibilidade da função de desenvolvimento de pessoas. O Apêndice A — Processos de T&D — apresenta alguns exemplos de processos desenvolvidos a partir de modelos genéricos.

A posição do processo de LNT é clara e distinta no início de qualquer modelo, genérico ou específico. Isso evidencia sua importância pois, se a identificação das necessidades for feita de forma errada, todo o processo estará comprometido.

DEFINIÇÃO DE LNT

O Levantamento de Necessidades de Treinamento (LNT) é definido como a identificação de deficiências e oportunidades de melhoria nas competências humanas para a realização de algum propósito atual ou futuro.

Embora o LNT seja um acrônimo bastante conhecido, ele é, na verdade, uma denominação pouco adequada. Em primeiro lugar, isso se deve porque o substantivo "levantamento" é sinônimo de arrolamento, que significa fazer uma relação ou uma lista. Esse termo é bastante limitado, dadas as coletas de dados, as análises e os cuidados para que seja feita.

O levantamento é um processo estruturado e que pressupõe a análise do contexto, a escolha metodológica e a realização de diversas atividades de coleta, avaliação e recomendação. Isso contém, ou deveria conter, um valor agregado muito superior do que simplesmente entregar uma lista de treinamentos para o próximo período. O ideal seria um termo que designasse melhor o processo, como, por exemplo, *Definição, Análise, Avaliação* ou, mesmo, *Diagnóstico*.

Independentemente do termo, os profissionais de RH devem estar atentos ao significado e à limitação que essa famosa sigla representa. Seria mais consistente

INTRODUÇÃO E CONCEITOS **39**

considerar o uso de um termo mais amplo, específico e adequado à realidade da organização em que atua ou então, continuar a usar o termo; porém, estruturando seu processo de forma mais consistente.

Outro elemento limitante diz respeito ao substantivo treinamento. Na verdade, o treinamento é apenas uma das alternativas de estímulo e construção de aprendizado. A tipologia de eventos instrucionais é muito mais rica e diversificada, podendo incluir alternativas didáticas, tais como:

- ▷ Vivência;
- ▷ Instrução;
- ▷ Treinamento;
- ▷ Desenvolvimento;
- ▷ Educação;
- ▷ Aprendizagem pela ação;
- ▷ Autoestudo e autodesenvolvimento;
- ▷ *Job rotation;*
- ▷ Participação em equipes de melhoria.

O fato de haver tantas possibilidades, inclusive de aspectos que não são treinamento, justifica a prática comum entre muitos autores de denominar esse processo apenas de avaliação de necessidades, sem especificar a palavra 'treinamento' ao final[4]. Mesmo porque, para chegar à conclusão de que treinamento é necessário, o profissional de RH terá que fazer uma série de coleta de dados e análises que demonstrem que o esforço é justificável. Daí reside o fato de o LNT ser um processo que deveria ser mais bem estudado, estruturado, praticado e desenvolvido nas organizações.

Diante disso, qual então seria o termo mais apropriado para designar essa atividade? Eis uma indagação pertinente e necessária para quem deseja ou precisa estruturar melhor os processos internos de RH. Em primeiro lugar, está a inadequação do termo levantamento, conforme comentado anteriormente. As alternativas seriam o emprego dos termos *Definição, Análise, Avaliação* ou *Diagnóstico.* Outros termos possíveis seriam *Estudo* e *Determinação.* Um outro, comum na

---

[4]   Na literatura americana, o LNT é comumente denominado *Training Needs Assessment* — TNA, ou simplesmente *Needs Assessment.* O substantivo *assessment* é um falso cognato (não significa assessoria) e sua melhor tradução é avaliação.

40   CAPITAL HUMANO

área de negócios, é a metáfora *Prospecção*, que remete ao sentido de busca com certo grau de incerteza, tanto em quantidade, quanto em qualidade ou sucesso.

Quanto à substituição do termo *treinamento* da expressão que, como vimos, também é anacrônica, isso também merece ser revisto e rediscutido. Estamos vivenciando há alguns anos a formação de novos paradigmas. Desde a década de 1990, quando o termo *aprendizagem* ganhou força, ele não para de crescer. De fato, a aprendizagem possui um sentido muito mais amplo do que treinamento e, até mesmo, desenvolvimento. Não que se tratem de atividades obsoletas, longe disso. O que ocorre é que o termo *aprender* foca o centro do papel de desenvolver a competência para o próprio indivíduo. Uma coisa é ensinar, cuja função é externa, outra é aprender, que é interna. Além do mais, pode-se dizer que o aprender inclui qualquer atividade, estímulo ou observação, estruturada ou não. Ele é, portanto, muito mais amplo.

Se é então o caso de repensar a atividade, não apenas em termos de rótulo, mas também para incorporar um sentido mais contemporâneo, o termo aprendizagem não deveria ficar de fora. Como as necessidades de melhoria de competência e desempenho são *a priori* indefinidas, e como existem diversas formas de torná-la mais bem definida, uma sugestão seria *Definição de Necessidades de Aprendizagem*, ou simplesmente, *DNA*.

Por *definição*, entende-se um trabalho de coleta, análise, avaliação e determinação de elementos mínimos para uma aprovação e, mais adiante, uma especificação detalhada do programa de aprendizagem necessário.

Além disso, um levantamento deveria incluir também as condições ou os fatores que impedem ou dificultam a aplicação de competências existentes e que deveriam ser alvo de uma verificação. São os aspectos não treináveis, que também serão discutidos mais adiante.

OBJETIVOS DO LNT

Como toda atividade organizacional, o LNT tem objetivos que, se não forem cumpridos, podem torná-lo pouco efetivo. Como numa reação em cadeia, existem objetivos finais de longo prazo, que dependem do cumprimento de objetivos imediatos e de curto prazo, para serem alcançados. Em última instância, o objetivo do LNT é sempre o de identificar carências de competência que, uma vez sanadas, podem contribuir para os resultados do negócio. Outros objetivos, igualmente relevantes, podem se sobrepor a esse, sobretudo se a organização possuir uma missão institucional social ou de perfil de resultado mais equilibrado.

No entanto, tudo seria fácil demais se essa missão, seja ela qual for, pudesse ser cumprida em apenas um único passo. Na verdade, para chegar lá, um caminho precisa ser percorrido. Por isso, existem etapas e resultados intermediários que também precisam ser organizados e cumpridos de maneira satisfatória. Os objetivos são os critérios para verificar esse cumprimento e eles estão sequenciados numa cadeia causal, em diferentes níveis, do mais importante aos objetivos secundários. A Figura 3 apresenta um diagrama contendo as prioridades de um LNT. Como papel essencial, o LNT deveria tentar cumprir o primeiro objetivo, que é o de prover resultados do negócio. O objetivo secundário é descobrir e evidenciar lacunas de competência que serão alvo de ações de aprendizagem. Finalmente, os objetivos terciários de um LNT são avaliar a amplitude das lacunas, e o esforço para reduzi-las, fornecer informações para o desenho instrucional, além de outras necessidades não treináveis.

Figura 3 • Objetivos do LNT: sequência de prioridades.

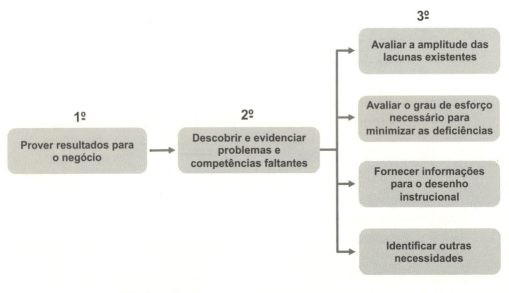

▷ **Objetivos finais**

Prover resultados para o negócio, benefícios para as pessoas e para outras partes interessadas (stakeholders), ou seja parceiros, fornecedores, famílias, sociedade etc.

▷ **Objetivos intermediários**

Conhecer e evidenciar os problemas e as competências faltantes.

▷ **Objetivos imediatos**

Avaliar a amplitude das lacunas existentes, o grau de esforço organizacional necessário para minimizar as deficiências e fornecer informações para o desenho instrucional.

O LNT será efetivo quanto mais próximo o profissional de RH conseguir chegar aos objetivos finais. Não sendo possível, podem ser perseguidos outros objetivos na sequência regressiva, porém com chances progressivamente menores de reverter resultados positivos para o negócio.

Não é objetivo do LNT desenhar o programa de treinamento, ou como ele deve ser aplicado, embora muitas vezes isso seja realizado conjuntamente. Isso é, *a priori*, uma atividade de desenho e projeto da atividade e depende de um amplo conhecimento de metodologias, técnicas, tecnologias e recursos de ensino/aprendizagem. Na verdade, se a necessidade não estiver claramente definida, antecipar a idealização do treinamento pode até atrapalhar o andamento daquela etapa. Isso seria o mesmo que um médico discutir uma terapia com seu paciente, antes mesmo de ter certeza sobre a doença, suas causas e seu estágio de evolução. Usando essa analogia, é fácil perceber a incoerência. Discutir o treinamento, sem caracterizar e mensurar claramente o problema, decorre da falta de tempo, da falta de competências analíticas, dos interesses pessoais ou profissionais, da pressa ou da subserviência operacional do RH às outras áreas da empresa. Essa postura desvaloriza o papel e mina a reputação do RH na organização.

Pode-se dizer que o LNT é um ponto de vista. Cada perspectiva é feita de um ângulo e, por isso, fornece um resultado diferente. As necessidades de um indivíduo, por exemplo, podem ser de curto, médio ou longo prazo. Pode ter necessidades pessoais, profissionais, conjugais, sociais, espirituais etc. Diante dessa diversidade de necessidades, a questão é definir as perspectivas relevantes e escolher os melhores métodos para avaliá-los.

INTRODUÇÃO E CONCEITOS **43**

EM QUE MOMENTO COMEÇA O LNT

Embora possa parecer estranho, um LNT não começa pelo início, mas pelo fim[5]. Uma analogia simples e bastante familiar pode evidenciar esse aparente paradoxo. Imagine que alguém queira fazer uma viagem e, para isso, precisa fazer um levantamento do que necessita para concretizar esse desejo. Para uma viagem é preciso identificar os elementos básicos como destino, deslocamento, acomodação e alimentação. É importante saber sobre o clima local para providenciar a vestimenta apropriada. Dependendo do destino, é necessário, ainda, providenciar documentação como passaporte e vistos de entrada e, para isso, tantos outros documentos devem ser preparados com a antecedência devida. Dependendo da duração da ausência, talvez seja necessário fazer arranjos no trabalho, na família, decidir os cuidados com as plantas e os animais domésticos, e outros compromissos. Evidentemente, um elemento fundamental, e que restringe as escolhas de qualquer natureza, são os recursos que se dispõe para arcar com as despesas, tanto da viagem quanto das despesas fixas que continuam onerando o orçamento, mesmo durante a ausência do viajante. Pode haver uma enormidade de providências a tomar, dependendo do destino e da duração da viagem. No entanto, há um fator que antecede e influencia qualquer análise, que é o propósito da viagem. A viagem pode ser de lazer, de trabalho, de estudo, de aventura ou para fazer compras. Pode ser ainda devido a um desejo de migração temporária ou definitiva. Há ainda os que fazem viagem com propósito de desenvolver o espírito e a alma, como as que acontecem a Santiago de Compostela, para retiros espirituais, ou aquelas com destino aos *ashrams* na Índia. Enfim, o que definirá praticamente tudo o que é necessário, bem como as fontes de informação a procurar, é o propósito da viagem.

Um treinamento, assim como uma viagem, é uma ação que desencadeia inúmeros aspectos. Fazendo a analogia entre os dois é fácil deduzir que o desenvolvimento de pessoas deveria seguir um raciocínio semelhante. Já que uma organização está inserida, e ela mesma se constitui, num contexto social e econômico complexo, deveria iniciar com um ou diversos propósitos. Porém, o que acontece normalmente não é isso. Frequentemente os treinamentos são solicitados e oferecidos, antes mesmo de se pensar em qualquer finalidade concreta. Fazendo as coisas dessa maneira, pode-se deduzir a quantidade de retrabalho, desperdício e

---

[5] Segundo o casal Phillips, as "*[...] soluções de aprendizado e desenvolvimento devem se iniciar com um foco claro no resultado*" e "*[...] começar com o fim em mente também envolve apontar todos os detalhes para assegurar que está apropriadamente planejado e executado*". Ver Phillips e Phillips (2006, p. 33. Traduzido pelo autor).

ações sem sentido, decorrentes da insensatez de desprezar uma etapa inicial elementar. Por isso, embora não se possa ignorar que esse procedimento até funcione eventualmente, os métodos de LNT precisam seguir um raciocínio consistente, para não simplesmente repetir uma prática empírica, mimética e pouco produtiva.

A realização de treinamento e desenvolvimento, e da aprendizagem em geral, depende de propósitos claros, que são elaborados a partir da visão do resultado. O objetivo e o resultado potencial é a referência para orientar a análise, e, posteriormente, determinar a efetividade da atividade[6]. Há, portanto, uma relação simbiótica entre esses elementos, conforme mostra a Figura 4. Os profissionais de T&D devem ter uma visão e uma atuação sistêmica. Isso requer competências distintas e específicas, que serão tratadas mais adiante.

Figura 4 • Relação entre propósito, aprendizagem e resultado.

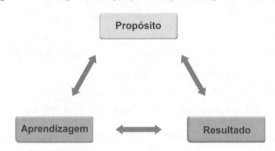

O LNT TÍPICO E REATIVO

O método de LNT mais comum consiste no envio de um formulário de solicitação para os líderes das áreas, pedindo que tirem tantas cópias quanto forem necessárias e preencham com as "necessidades" de treinamento[7]. Esse processo é ilustrado na Figura 5.

---

[6] Na metodologia 6D, a primeira etapa — D1 — consiste em ,justamente, começar com o fim em mente. Para seus criadores, o treinamento deve ser sempre um meio para atingir um fim, e nunca um fim em si mesmo. Ver Wick, Jefferson e Pollock (2011, p. 20).

[7] Para corroborar essa assertiva, Geary Rummler observa que "[…] Frequentemente o profissional começa com uma solicitação da gerência para treinar um grupo de empregados". O profissional pode atender ao que foi solicitado ou fazer uma análise estruturada da demanda. Segundo o autor, a primeira alternativa só deveria ser seguida se a segunda não for possível. Ver Rummler (2008, p. 85).

Figura 5 • Atores e dinâmica do LNT reativo.

Porém, os líderes das áreas não devolvem o formulário devidamente preenchido no prazo determinado. Talvez por falta de tempo, talvez pela baixa importância que atribuem à tarefa ou talvez pela descrença de que aquilo fará alguma diferença significativa. Como o RH precisa fechar um plano de treinamento, então ele cobra a devolução das solicitações pelas áreas. Mesmo assim, alguns dos líderes não as devolvem. Preocupados e pressionados com o prazo para fechar o plano, o RH ameaça os líderes com a possibilidade de ficarem sem treinamento no próximo ano se as solicitações não forem devolvidas. Dessa forma, ao se sentirem pressionados, alguns acabam devolvendo, mas uma boa parte continua ignorando o apelo. Então, como último recurso, o RH emite um ultimátum: se as solicitações não chegarem em um determinado dia, numa determinada hora, o plano será fechado e não contemplará as áreas que não se manifestarem.

Os líderes que estão atrasados reúnem um grupo de colaboradores e fazem o preenchimento das solicitações às pressas e sem critério, sob a orientação de colocar qualquer coisa, pois tudo será posteriormente mudado. Essas solicitações de treinamento, preenchidas sem um processo de análise, ou com as mesmas informações do ano anterior, são enviadas ao RH, que acaba considerando e inserindo aquelas solicitações *sem pé nem cabeça*, no plano de treinamento[8]. Nem um milagre fará com que aquele plano seja cumprido. E provavelmente nem deva mesmo.

Os efeitos negativos disso são vários, e o não cumprimento do plano é apenas um e o menos grave de todos. Os treinamentos realmente necessários não emergem e não são considerados. A Direção percebe que o plano não é consistente e acaba cortando seu cumprimento ao primeiro sinal de crise. Os auditores de sistemas de gestão, sobretudo os da Qualidade, cobram o cumprimento do plano

---

[8] Segundo Elaine Frois, profissional de RH em Belo Horizonte, muitos líderes "terceirizam" a atividade para pessoas-chave ou mesmo para os próprios funcionários, na crença de que estão incentivando a participação, quando, na verdade, estão estimulando o empirismo, por meio de uma desconstrução metodológica. Dessa maneira, o LNT é feito sem relação com questões organizacionais e, frequentemente, servindo de recurso para premiações.

de treinamento que, na verdade, nem foi feito para ser cumprido. O RH e a função de T&D perdem credibilidade na organização e não recebem os investimentos desejados.

O LNT reativo, que consiste nessa simples troca de formulários, não tem amparo metodológico. Aliás, ele é desaconselhado por vários especialistas em gestão de treinamento. Alguns deles com até bastante ênfase[9]. Isso acontece porque o LNT reativo se apoia sobre falsos pressupostos.

FALSOS PRESSUPOSTOS DO LNT REATIVO

O que acontece com o LNT reativo é que, para funcionar, alguns pressupostos deveriam ser cumpridos. Para ilustrar essa afirmação, vamos recorrer novamente a uma analogia com uma situação familiar. Imagine, por exemplo, que alguém te peça para levar uma garrafa de vinho a um encontro de amigos. Você levará o vinho, mas provavelmente não levará o saca-rolhas ou as taças. A não ser que já conheça o local onde será bebido, o pressuposto comum é que os utensílios já estejam disponíveis no local do encontro, embora possam não estar. Então, no mínimo, um tempo será perdido para abrir a garrafa de alguma forma. Na falta das taças, copos de vidro talvez sejam a solução à mão, o que desvaloriza a experiência.

Frequentemente contamos com pressupostos durante o trabalho e, quando eles não são satisfeitos, todo tipo de problema pode ocorrer. No LNT é a mesma coisa. Quando o RH envia formulários de solicitação de treinamento para as áreas, provavelmente existe a crença de que serão devolvidos a tempo e com informações úteis e valiosas. Entretanto, isso nem sempre é verdade, por diversos motivos. Os pressupostos do LNT reativo, que frequentemente não são verdadeiros, são:

---

[9] Essa tese encontra um ponto de bastante convergência. Os autores parecem ser unânimes em que o pedido nunca deve ser atendido de imediato. Keeps e Stolovitch, por exemplo, recomendam que "[...] *em seus encontros iniciais com clientes, nunca discuta qualquer solução que ele ou ela propõe. Não importa o quanto o cliente pressione por um programa de treinamento, um evento motivacional, um* informativo, webcast *de conscientização, ou o quer que seja, suas palavras devem sempre ser, 'Eu posso ajudar a resolver seu problema'*" (KEEPS e STOLOVITCH, 2008, p. 148). Para Barbazette, conduzir treinamento sem assegurar que ele é necessário é uma perda de tempo e recursos (BARBAZETTE , 2006, p. 6). Tobey inclui o ato de "entregar o que o cliente deseja e não o que ele precisa" como um dos dez erros típicos da análise de necessidades (TOBEY, 2008, p. 269).

INTRODUÇÃO E CONCEITOS

a. a liderança valoriza e prioriza o desenvolvimento humano;

b. a liderança sabe fazer um LNT consistente e não precisa de ajuda;

c. um único tipo de formulário é suficiente para a tarefa;

d. as pessoas sabem o que os seus subordinados precisam;

e. interesses pessoais serão deixados de lado;

f. os treinamentos serão deduzidos por meio de um raciocínio consistente;

g. será dedicado tempo adequado para a sua elaboração;

h. o ponto de partida da análise serão os problemas organizacionais;

i. os formulários serão devolvidos no prazo;

j. as necessidades não mudarão com o tempo.

Não é difícil concluir que vários desses pressupostos nem sempre são reais. O ambiente organizacional é complexo, confuso, ambíguo e turbulento. Há uma constante batalha pelo tempo, pelas prioridades e pelos recursos. A liderança é pressionada para dar resultados e o treinamento acaba sendo relegado a segundo plano. Basta que apenas um dos pressupostos acima seja falso para que todo o LNT esteja comprometido. Dessa forma, os riscos decorrentes do LNT reativo são suficientemente grandes para invalidar essa alternativa, ao menos na maioria das situações.

ETAPAS DE UM LNT ESTRUTURADO

Um plano de treinamento é um conjunto de atividades, recursos e objetivos que serão executados no futuro. Então, o LNT é uma interpretação que deveria ser feita para que o público-alvo consiga desempenhar bem suas funções a curto, médio ou longo prazo. Entretanto, cada situação é diferente de outra. Existem necessidades prementes, outras são vindouras. Algumas são de baixo risco, enquanto outras possuem alto grau de incerteza na sua conquista. O grau de risco está associado à imprevisibilidade do contexto do trabalho em que o público-alvo está inserido. Dessa forma, cada família ou função profissional demandaria uma abordagem metodológica específica. O Quadro 1 compara alguns aspectos do LNT, que normalmente são influenciados e, portanto, deveriam ser ajustados, conforme a previsibilidade do ambiente.

CAPITAL HUMANO

Quadro I • Contexto do trabalho e estratégias de LNT.

	Previsibilidade do contexto do trabalho		
	Alta	**Média**	**Baixa**
Horizonte	Curtíssimo/ curto prazo	Médio prazo	Longo prazo
Estruturação do LNT	Baixa	Média	Alta
Tempo de dedicação ao LNT	Baixo	Médio	Alto
Especialização do analista	Baixa	Média	Alta
Potencial de resultado	Baixo	Médio/Alto	Alto/Muito Alto
Facilidade de delegação do LNT para a própria área	Alta	Média	Baixa
Grau de risco	Confortável/Seguro	Equilibrado	Arriscado/Desafiador
Liderança envolvida	Operacional	Tático/Gerencial	Estratégico/Diretivo
Situações típicas	• Cumprimento de legislação • Treinamento na função ou na tarefa	• Desenvolvimento de competências • Melhoria de resultados de curto prazo	• Mudanças estratégicas • Mudanças de cultura

Essa analogia permite compreender o nível de complexidade da atividade de LNT numa ótica de previsibilidade. Trabalhar num ambiente previsível é, sem dúvida, mais fácil do que num contexto volátil. Isso indica o grau de competência da equipe e da estruturação metodológica que o LNT deve ter para que seja realizado de maneira efetiva.

Para a seleção das estratégias a serem utilizadas, o profissional de T&D deve fazer uma análise da situação com seus interlocutores das áreas-fim e das áreas-meio. O objetivo é clarear a situação corrente e encontrar as oportunidades de melhoria do nível mais alto possível, e que podem ser influenciadas positivamente pela provisão de novas competências. Além disso, é preciso também trabalhar na identificação de elementos, não relacionados com o treinamento, mas que podem impedir a colocação do conhecimento na prática. Toda essa análise preliminar tem um caráter exploratório e culmina com a escolha dos métodos adequados a cada tipo de problema ou oportunidade identificado. Quanto mais valioso for o indício de oportunidade encontrado, mais tempo e dedicação o profissional deveria canalizar para analisar seus elementos, visando potencializar o resultado do aprendizado e, consequentemente, o resultado para o negócio. Se o profissional de RH atuar dessa forma, ele valoriza seu papel, migrando para outro com maior importância organizacional. E, nessa situação, ele pode afirmar com todas as letras que, de fato, é um parceiro do negócio ou, um *business partner*[10].

Em contraste com esse posicionamento consistente está o profissional que, usando meios rudimentares, espera obter resultados surpreendentes. Embora isso possa acontecer eventualmente, não se pode esperar que ocorra regularmente. A sorte não é um evento sistemático, nem algo que possa ser reproduzido quando se deseja ou precisa. Só a estruturação de processos e de métodos é capaz de proporcionar confiança, credibilidade e alto potencial de sucesso.

Uma abordagem que envolve análise e diagnose precisa dar um passo atrás, iniciando o processo por onde deveria ser iniciado: na identificação de deficiências, oportunidades e propósitos. *Grosso modo*, a competência está no centro, pois ela deve ser provida, por meio de ações de aprendizagem, para atingir resultados. Isso significa que, quando o RH recebe e aceita solicitações de treinamento sem nenhuma indagação, são dados dois saltos no raciocínio ideal. Em sentido literal, toda vez que alguém salta sobre algo, corre o risco de cair e se machucar. No sentido figurado, o risco é análogo no LNT. Embora o profissional de RH esteja focando no cliente, ao atender o que ele deseja, há um risco real e concreto de não atingir propósito algum a não ser sua própria satisfação, na melhor das hipóteses. Então, é preciso considerar e adotar posturas que incorporem outros focos possíveis, conforme mostra a Figura 6.

Figura 6 • Macroetapas de um LNT.

---

[10] Ver Tobey (2005, p. 2).

O diagrama mostrado é um esquema genérico e simplificado. Um fluxo completo de LNT, construído especificamente para uma organização, deve conter mais etapas e passos do que os apresentados, como será proposto mais adiante. Mas como compreensão inicial é possível tirar algumas conclusões.

Iniciar um LNT pelas deficiências é focar no resultado. Já iniciar em propósitos ou no alcance de algum fim, é focar no objetivo. Porém, se o início do processo se der por meio de competências necessárias, então o foco acontece mais adiante na cadeia. Esse fato acaba evidenciando por que é difícil avaliar resultados organizacionais, quando o levantamento não se inicia pelo ponto em que efetivamente estão.

A METODOLOGIA DE LNT

Diferentemente do que costuma ser visto e praticado, o LNT, em sua essência, não é apenas um levantamento, mas um processo mais abrangente. Do ponto de vista metodológico, ele é um processo de pesquisa, mesmo sem o rigor que é típico do meio acadêmico. A dinâmica do ambiente organizacional e competitivo, além do tempo e dos recursos limitados, normalmente impede ou restringe a aplicação de um rigor metodológico mais elevado[11]. De fato, pesquisa e avaliação são duas atividades bastante distintas,[12] e o LNT se assemelha mais com a segunda. Então, o processo tem que ser necessariamente mais simples, para ser executado num prazo razoável nesse contexto. Entretanto, o profissional de RH deve garantir um mínimo de consistência metodológica para manter também um grau mínimo de confiabilidade no processo.

Os sinais de que algo está errado e essa confiabilidade está comprometida no LNT, são:

> ▷ dificuldades para executar o programa ou treinamentos específicos;
> ▷ constantes alterações do programa;

---

[11] A aplicação de métodos mais consistentes e estruturados, tanto de levantamento de necessidades quanto de outros processos da gestão de aprendizagem, tem sido observada em grandes organizações, e em órgãos do governo na esfera federal, e eventualmente estadual.

[12] Uma diferenciação entre pesquisa e avaliação pode ser vista no livro *Evaluation in Organizations* (RUSS-EFT e PRESKILL, 2001).

▷ pouco engajamento da liderança;

▷ desmotivação das pessoas para serem treinadas;

▷ dificuldade para avaliar resultados;

▷ ausência de resultados concretos;

▷ cortes constantes dos investimentos na aprendizagem.

Um processo de avaliação de necessidades de treinamento deveria conter algumas etapas essenciais. As etapas são distintas, pois cada uma delas é realizada em momentos diferentes, e requerem ações que usam técnicas particulares e envolvem diferentes atores organizacionais. As etapas são os momentos principais, porém não são suficientes para completar o processo. É preciso que elas tenham um olhar mais concentrado para determinar o que acontece em cada uma. Os elementos das etapas são os passos que também compreendem tarefas mais curtas e simples. Então, o LNT é formado por etapas, e cada etapa contém um conjunto de passos. Somados os conceitos, as técnicas e os instrumentos, todo esse conjunto pode ser chamado de metodologia de LNT. As metodologias podem ser genéricas, descritas nos livros, ou podem ser específicas, construídas pela própria organização. Embora o emprego de uma metodologia genérica confira um caráter de legitimidade ao processo, é sempre mais vantajoso que cada organização construa seu próprio modelo de gestão do T&D e da aprendizagem. A título de ilustração, e para fazer uma analogia entre os métodos, seguem alguns roteiros genéricos de alguns autores para a elaboração de um LNT estruturado.

A metodologia descrita na norma internacional ISO 10.015 possui uma etapa denominada **Definição de Necessidades de Treinamento**. Essa etapa foi desenhada com um viés voltado à gestão de competências, que era uma novidade quando a primeira versão da norma foi publicada. Como todos os modelos bem fundamentados, ela também parte das necessidades organizacionais. Outra característica desse modelo da ISO 10.015 é o seu caráter normativo. Sua origem deriva das normas de sistemas de gestão da qualidade. Assim, como não poderia deixar de ser, ela contém atividades que incluem a definição de requisitos e sua confrontação com a competência existente.

Figura 7 • Etapas da Definição de Necessidades de Treinamento da ISO 10.015:2001.

Fonte: elaborado pelo autor com base em ABNT (2001).

No modelo de Deborah Tobey a análise de necessidades começa ainda antes, numa atividade de sondagem externa à organização[13]. Esse processo foi inspirado em atividades de formulação estratégica que começa no contexto externo, por meio da identificação de ameaças e oportunidades. Essa é a grande contribuição desse modelo.

Figura 8 • Modelo de avaliação de necessidades de Deborah Tobey.

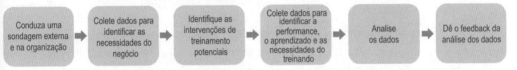

Fonte: elaborado pelo autor com base em Tobey (2005).

Segundo Cat Sharpe, existem seis passos (etapas) básicos para ajudar a focar a análise de necessidades[14]. Suas etapas possuem uma sequência clássica, são simples, bem definidas, e fáceis de compreender.

Figura 9 • Os seis "passos básicos" de Sharpe.

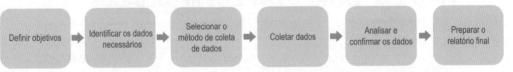

Fonte: elaborado pelo autor com base em Sharpe (2006).

Para as pequenas empresas, e para aquelas que não dispõem de recursos humanos suficientes para a condução de um processo mais estruturado, uma alternativa seria a adoção de um modelo simplificado. Em toda simplificação metodológica, os saltos nas atividades podem colocar a consistência em risco. Para

---

[13] Ver Tobey (2005, p. 16).
[14] Ver Sharpe (2006, p. 251–265).

minimizar isso é importante manter as etapas essenciais. Kavita Gupta, autora indo-americana com muitas publicações na área, propõe um modelo baseado em apenas três etapas, que ela denomina *Mini Needs Analysis*, ou, traduzindo para o português, Minianálise de Necessidades. Nesse modelo é possível perceber que as etapas de diagnóstico, que devem dar origem às atividades de aprendizagem, são mantidas. Isso lhe confere um caráter pragmático, mesmo sendo um modelo bastante simplificado.

Figura 10 • Miniavaliação de necessidades de Gupta.

Fonte: elaborado pelo autor com base em Gupta (2005).

Fazendo uma analogia entre os modelos apresentados, é possível perceber vários pontos em comum. Todos começam com as questões organizacionais, passam por um processo de coleta e análise de dados para culminar com um detalhamento, na forma de dados mínimos, que possam orientar o desenho instrucional. São elementos que não podem faltar na construção de qualquer modelo específico, para uma empresa que pretenda ter um processo consistente e potencialmente benéfico.

A RELAÇÃO ENTRE O LNT E OS RESULTADOS

Em princípio, ninguém empreende um esforço se não deseja obter algum benefício. O esforço pode ser na forma de dinheiro, tempo, sacrifícios físicos e mentais e outros recursos de valor. O benefício pode advir por meio de ganhos dos mesmos elementos, além de outras recompensas desejáveis, como prestígio, motivação e, evidentemente, retorno financeiro. Porém, nem sempre o benefício é garantido, pois existem riscos associados. No caso do treinamento, esses riscos não são desprezíveis, aliás, são bastante consideráveis desde o princípio, no LNT.

Como já tratado nas argumentações anteriores, o LNT começa com o resultado em mente. Isso significa que o objetivo antecede o levantamento de necessidades de competência e treinamento. Há, portanto, uma relação estreita entre o modo com que o LNT é feito, e o potencial de resultado, cuja mensuração acontece apenas após a implementação do programa. A Figura 11 — Relação entre o LNT e tipos de resultado associa e ilustra esses potenciais resultados, e como o LNT deve ser sistematicamente realizado para que o processo seja consistente. Esse modelo é chamado de "Modelo U Nivelado". Ele demonstra o equilíbrio necessário entre os resultados desejados e como o LNT precisa ser feito para alcançá-los[15].

O termo "nível" é empregado na figura para caracterizar os beneficiados na estrutura organizacional típica, sem intenção de atribuir sentido de hierarquia ou superioridade. O ideal é que todos os treinamentos propiciem resultados para todos os envolvidos. Porém, isso nem sempre é possível. Além dos treinamentos que não são aplicados, existem também aqueles cuja entrega não consegue atingir níveis mais elevados. Alguns resultados são percebidos nas equipes, contribuindo para o melhor funcionamento em termos de harmonia, conflitos, agilidade e, mesmo, desempenho, sem que resultados palpáveis aconteçam. Já outros conseguem apenas satisfazer as pessoas que participaram do treinamento. Eventualmente, devido a problemas na identificação, na execução ou devido a outros fatores, nem isso conseguem entregar.

Figura 11 • Relação entre o LNT e os tipos de resultado.

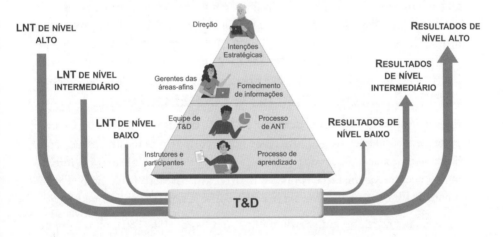

---

[15] Modelos semelhantes, para ilustrar os mesmos argumentos, são mostrados na literatura. Tobey relaciona os estágios do LNT com níveis de avaliação de resultados afirmando que essas devem ser feitas sobre os mesmos elementos identificados no levantamento (TOBEY, 2005, p. 5). Phillips e Phillips fazem a mesma analogia, porém com cinco níveis em vez de apenas os quatro da representação de Tobey, ao que eles denominam de ROI Methodology (PHILLIPS e PHILLIPS, 2007, p. 35).

INTRODUÇÃO E CONCEITOS **55**

O diagrama também procura demonstrar que, se a organização deseja buscar resultados de níveis mais elevados, ou seja, de alto valor agregado, então o LNT também deve ser feito em nível elevado. Fazer um LNT de alto nível significa buscar oportunidades na esfera estratégica, na qual circulam as informações de elevado grau de importância e acontecem as decisões de grande impacto. Para isso é necessário utilizar técnicas e instrumentos desenhados especificamente para tal.

No entanto, se o foco são as equipes e como elas se organizam e se relacionam, o LNT pode ser feito num nível intermediário, usando também os recursos metodológicos pertinentes. Nesse nível estão os resultados em termos de domínio de competência e também de desempenho. Os motivos desses atributos estarem em nível intermediário é que essas características não representam um fim em si, mas um meio para a obtenção de algo de maior valor estratégico. Além disso, salvo em casos específicos, quem percebe a competência e o desempenho das pessoas são seus pares e a liderança à qual está submetida. Alguns objetivos de treinamento são focados nesses aspectos e, portanto, devem ser identificados e avaliados nesses termos, usando instrumentos bem desenhados.

Já o nível mais baixo no modelo, em termos de tipo de resultado, se concentra sobre os indivíduos. Quando o foco está nesse público, a estratégia típica é identificar suas necessidades e seus desejos e procurar satisfazê-los. Normalmente, nenhuma ou pouca análise é realizada. Com frequência os solicitantes apelam para uma estratégia de racionalização para justificar as necessidades. Solicitar e atender constitui uma dinâmica simples e fácil de cumprir. Por isso ela é popular. Além disso, parte-se do pressuposto que o solicitante tenha feito a análise e, por isso, tem plena consciência do porquê e para o quê está solicitando o treinamento.

A falsa expectativa que o modelo da Figura 11 — Relação entre o LNT e tipos de resultado — procura derrubar é a ilusão de que um LNT de baixo nível pode gerar resultados de alto nível. Esse pressuposto tem se mostrado falso com bastante frequência diante dos constantes insucessos e desperdícios que, infelizmente, acontecem em T&D. Por isso o LNT reativo, baseado apenas no preenchimento de solicitações, é visto com reservas, como já exposto anteriormente.

Essa constatação acaba atribuindo ao profissional de T&D, ou o *Business Partner* de RH uma responsabilidade que vai além de relacionar treinamentos necessários. O grau de resultado obtido com o investimento no desenvolvimento de pessoas depende da consistência das análises de necessidades. Por isso elas devem se munir de um conjunto de técnicas e ferramentas de trabalho fundamentadas, estruturadas e consistentes para fazer seu trabalho.

O PROCESSO DE LNT

Considerando a fundamentação apresentada e as características do ambiente organizacional, é possível construir um modelo que se ajuste bem a uma organização que precisa trabalhar de forma mais estruturada. Esse modelo é mostrado na Figura 12 — Diagrama top-down de um processo completo de LNT. Nos quadros maiores estão as etapas do processo, sequenciados por setas. Já nos quadros menores e inferiores estão os passos de cada etapa, que devem ser executados de cima para baixo.

O processo pode ser implementado na forma em que está apresentado ou adaptado para um contexto específico. Ele pode também ser usado sistemática ou pontualmente para um programa que exija um nível elevado de estruturação.

Figura 12 • Diagrama *top-down* de um processo completo de LNT.

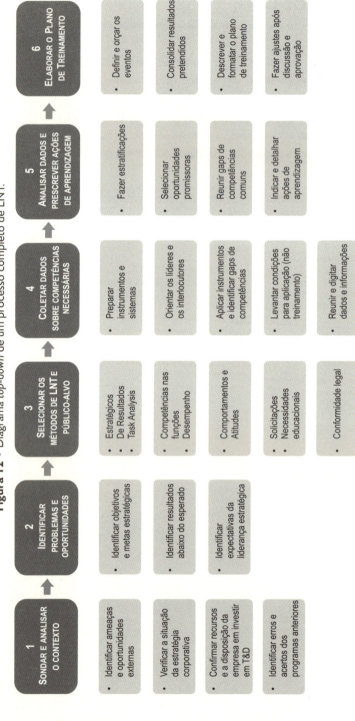

58 CAPITAL HUMANO

A seguir, o processo de LNT é apresentado etapa por etapa e passo por passo, esclarecendo seu propósito e sua natureza, bem como as indagações que levariam o profissional de RH a adotar cada um dos passos descritos.

Quadro 2 • Questões relacionadas à sondagem e à análise do contexto.

I. Sondar e analisar o contexto	Consiste em identificar aspectos que podem influenciar o processo de **LNT** em conteúdo e forma
Identificar ameaças e oportunidades externas *Identificar pressões do ambiente competitivo e que podem repercutir na organização.*	▪ Onde e como as ameaças externas pressionam os processos e as pessoas? ▪ Há oportunidades do mercado que não estão sendo bem aproveitadas?
Verificar a situação da estratégia corporativa *Identificar as mudanças nas estratégias que têm impactos em pessoas.*	▪ Há intenções estratégicas válidas e sendo implementadas? ▪ Quais áreas ou processos estão recebendo investimentos?
Confirmar recursos e a disposição da empresa em investir em T&D *Procurar obter apoio da alta liderança para investir no desenvolvimento de pessoas, por meio de políticas formais.*	▪ A empresa possui recursos financeiros para investir em aprendizagem? ▪ As pessoas têm tempo e disposição para participar de atividades de aprendizagem? ▪ A liderança apoia e incentiva o desenvolvimento das pessoas?
Identificar erros e acertos dos programas anteriores *Implementar melhorias no processo de desenvolvimento de pessoas.*	▪ O que foi feito no passado e que não deveria ser repetido? ▪ O que foi feito no passado que funcionou bem e deveria ser continuado?

Quadro 3 • Questões relacionadas à identificação de problemas e às oportunidades.

2. Identificar problemas e oportunidades	Consiste em identificar oportunidades de melhoria claras e concretas nos indicadores e processos
Identificar objetivos e metas estratégicas *Identificar os objetivos determinados pela liderança estratégica.*	• Quais são os objetivos e as metas estratégicas? • Que técnicas foram empregadas? Estão documentadas? • Quais áreas estão impactadas?
Identificar resultados abaixo do esperado *Identificar os resultados que precisam ser melhorados.*	• Quais são os relatórios e os dados? • Quais resultados estão deixando a desejar? • Quais áreas parecem precisar de ajuda? • Como o RH é afetado?
Identificar expectativas da liderança estratégica *Identificar objetivos secundários desejados pela liderança.*	• Quais oportunidades podem ser mais bem aproveitadas? • Em quais áreas elas estão? • Qual o valor do treinamento para a liderança estratégica? • Quais valores organizacionais precisam ser disseminados?

Quadro 4 • Questões relacionadas à seleção de métodos de LNT.

3. Selecionar os métodos de LNT e o público-alvo	Consiste em escolher os métodos, as técnicas e os instrumentos necessários para amparar o diagnóstico
Desdobramento Estratégico **LNT de Resultados** **Task Analysis** *Foco em resultados organizacionais concretos.*	• Quais instrumentos de LNT com foco em resultado usar? • Em quais grupos ou famílias profissionais devem ser empregados?
Competências nas funções **Desempenho** *Foco em competências de entrada e/ou saída.*	• Quais instrumentos usar: gap Analysis ou Matriz de Habilidades? • Em quais grupos ou famílias profissionais devem ser empregados?
Survey *Foco nos comportamentos e nas atitudes.*	• Quais variáveis comportamentais precisam ser avaliadas? • O construto e o instrumento de avaliação já existem ou precisam ser desenvolvidos? • Em quais grupos ou famílias profissionais devem ser empregados?
Solicitações **Necessidades educacionais** *Foco nos indivíduos.*	• Há recursos e abertura para atender às solicitações dos empregados? • Será permitida a análise subjetiva da necessidade (sem uso de dados)? • Existem necessidades educacionais? Quais e para quais pessoas, funções ou grupos?
Conformidade legal *Foco nas partes interessadas externas.*	• Quais exigências de treinamentos ou capacitações precisam ser cumpridas? • Como será feita a identificação e a gestão desses eventos? • Quem ou qual área fará essa gestão?

Quadro 5 • Questões relacionadas à coleta de dados de competências.

4. Coletar dados sobre competências necessárias	Consiste em identificar os gaps de competência que proporcionem bom potencial de resultado
Preparar instrumentos e sistemas *Preparar formulários, funcionalidades e telas de sistemas informáticos e distribuir os métodos de levantamento entre a equipe.*	• Quais os gestores ou os interlocutores que devem ser procurados? • Quais instrumentos serão aplicados em papel e quais em meio eletrônico? • Preparar os aplicativos e meios eletrônicos de pesquisa (intranet, portal, ERPs etc.) • Quais instrumentos serão aplicados pela equipe de RH e quais serão aplicados pelos gestores e interlocutores? • Quais membros da equipe de RH participarão do esforço de LNT? • Alguma parte será terceirizada? Quem será o terceiro e para qual situação ele será alocado?
Orientar os líderes e os interlocutores *Comunicar a realização da atividade, esclarecer métodos e papéis, e solicitar engajamento.*	• Quais instruções são necessárias? • Devem ser feitas presencialmente ou no próprio instrumento?
Aplicar instrumentos e identificar gaps de competências *Fazer o LNT aplicando cada método nos públicos selecionados.*	• Quais competências devem ser desenvolvidas para cada situação, objetivo ou oportunidade? • Essas competências, se providas, têm potencial de provocar os resultados ou os objetivos desejados?
Levantar condições para aplicação (não treinamento) *Identificar as condições que impedem ou limitam a aplicação dos treinamentos identificados e que poderiam inviabilizar as iniciativas de aprendizagem.*	• Em quais situações a análise de riscos deve ser feita? • Quais aspectos não relacionados ao treinamento impedem ou restringem a aplicação dos conteúdos? • Que ações devem ser tomadas para que os treinandos egressos possam ter boas condições de aplicação? • Quem se ocupará dessas ações e de sua gestão? • Qual o investimento necessário? • É viável investir para melhorar essas condições?
Reunir e digitar dados e informações *Conferir os levantamentos e complementar dados e informações, se for o caso.*	• As informações estão digitadas, filtradas e conferidas? • Elas estão corretas e bem distribuídas?

INTRODUÇÃO E CONCEITOS

Quadro 6 • Questões relacionadas à prescrição de ações de aprendizagem.

5. Analisar dados e prescrever ações de aprendizagem	Consiste em fazer o diagnóstico das necessidades de competência
Fazer estratificações *Categorizar os programas e dividi-los entre a equipe.*	• Quais os dados em que cada analista trabalhará (se for o caso)? • Quais categorias são importantes (gerências, famílias profissionais, áreas, especialidades, níveis funcionais)? • Que dados precisam ser extraídos, cruzados ou agrupados?
Selecionar oportunidades promissoras *Identificar as prioridades em termos de potencial de resultado para prover atenção especial pela equipe.*	• Quais são os gaps de treinamento com maior potencial de retorno do investimento? • Quais dados podem ser desconsiderados (falta de significância ou pouca representatividade)?
Reunir gaps de competências comuns *Agrupar as necessidades comuns para criar massa crítica para facilitar o desenvolvimento dos programas.*	• Quais gaps podem ser trabalhados conjuntamente? • Quais equipes podem ser treinadas juntas?
Indicar e detalhar ações de aprendizagem *Fazer um detalhamento parcial dos programas.*	• Quais as ações de aprendizagem e sua duração? • Quantas (e quais) pessoas devem ser treinadas em cada programa ou evento? • Quando os treinamentos devem ser realizados? Em que local? • Quais são os objetivos instrucionais de cada evento? • Quais os fornecedores potenciais? • Qual a prioridade de cada programa? • Qual o tipo de cada programa ou evento?

Quadro 7 • Questões relacionadas à elaboração do plano de treinamento.

6. Elaborar o Plano de Treinamento	Consiste em documentar o LNT e preparar a informação, em termos de conteúdo e forma, para a aprovação
Definir e orçar os eventos *Completar o levantamento com programas complementares e custos.*	▪ De tudo o que foi levantado, o que é viável realizar? ▪ Quais detalhes mínimos são necessários para compor o plano? ▪ Quais eventos não realizados no período anterior e que devem ser mantidos no programa? ▪ Qual o custo estimado de cada programa ou evento?
Consolidar resultados pretendidos *Estimar ou calcular os resultados para as pessoas, para as equipes e para a organização.* *Classificar os programas na tipologia de treinamentos na perspectiva organizacional — TOP.*	▪ Quais programas ou eventos têm potencial de resultado e que tipo de resultado devem proporcionar? ▪ Quais comportamentos serão trabalhados e quais contribuições devem dar? ▪ Quais as melhorias em desempenho e competências? ▪ Quais os objetivos e os resultados potenciais? ▪ Qual o percentual de pessoas atendidas? ▪ Quantas horas de treinamento por pessoa é previsto? Qual a relação em comparação com o ano anterior? ▪ Qual o Retorno Sobre Investimento (ROI) previsto para cada programa? E para o plano todo? ▪ O investimento no plano de treinamento tem retorno? Quais retornos e em quais valores estimados (se aplicável)?
Descrever e formatar o plano de treinamento *Redigir introdução, textos explicativos, argumentos e conclusão. Ressaltar ganhos potenciais significativos. Formatar e ilustrar.*	▪ Em qual formato será apresentado? ▪ Que informações o plano deve conter e qual o nível de detalhe desejado? ▪ Qual audiência e qual o formato para cada audiência? ▪ Como impressionar e entusiasmar a liderança estratégica e as pessoas com o plano de treinamento?
Fazer ajustes após discussão e aprovação *Fazer as eventuais modificações solicitadas e reencaminhar para aprovação.*	▪ Quais objeções foram colocadas pela liderança? ▪ Quais programas foram mantidos e quais foram cortados? ▪ As prioridades são as mesmas? ▪ Como o plano deve ser modificado para ser aprovado? ▪ Quais são os novos potenciais de ganho?

Evidentemente, o processo de desenvolvimento de pessoas não se encerra no plano de treinamento e desenvolvimento. Essa é apenas a primeira etapa de um processo mais amplo, que é seguido pelas etapas de:

▷ Desenho e projeto de atividades.

▷ Planejamento da execução das atividades.

▷ Execução das atividades de aprendizagem.

▷ Monitoramento da execução.

▷ Avaliação de resultados em indivíduos, equipes e organização.

▷ Feedback e melhoria do processo.

O levantamento de necessidades é um processo que tem sido subestimado, em favor da execução em quantidade e da identificação subjetiva, frequentemente feita por parte da gerência executiva, em processos puramente intuitivos. Na gestão da qualidade há uma frase recorrente que diz que "um problema bem identificado é meio caminho andado". Isso provavelmente também é válido para as necessidades de treinamento, desenvolvimento e aprendizagem. Afinal, de que adianta uma execução primorosa para uma carência de competência mal identificada?

Entretanto, há que se reconhecer a dificuldade de impor um ponto de vista diferente diante daqueles que detêm o poder. A melhor resposta é uma combinação de métodos consistentes com um processo de avaliação objetivo e que evidencie os resultados de cada modelo. Isso se constrói com o desenho dos arranjos da organização do RH, mas também com persistência e tempo.

QUESTÕES PARA DISCUSSÃO E SUGESTÕES DE APLICAÇÃO

a. Por que desenvolver pessoas é fundamental para o negócio?

b. O que é necessário para que qualquer aporte financeiro seja considerado um investimento?

c. O treinamento é realmente investimento ou essa expressão é apenas uma metáfora?

d. O que é necessário para que T&D se torne um investimento de fato?

e. Quais são as atividades básicas que compõem um processo de T&D?

f. (Aplicação) Discutir o modelo da ISO 10.015:2020 para o desenho de processos de T&D.

g. O que é um LNT? Por que a expressão Levantamento de Necessidades de Treinamento tem um significado limitado?

h. Quais os objetivos de um LNT? Quais são os mais relevantes?

i. Por onde o LNT começa, ou deveria começar?

j. O que caracteriza um LNT reativo típico? Por que ele é tão usado embora seja uma abordagem limitada?

k. Qual é a relação entre o LNT e a incerteza do ambiente competitivo e organizacional?

l. Cite, pelo menos, três temas de treinamentos para cada um dos horizontes de previsibilidade (curto, médio e longo prazo).

m. Por que existe uma relação íntima entre levantamento de necessidades e avaliação de resultados de treinamento?

n. Quais são os sintomas que avisam que pode haver algo de errado com a forma como o LNT é feito?

o. Por que a escolha ou a concepção de um modelo é fundamental antes do desenho de processo de LNT?

p. Quais os processos que sucedem o LNT? Qual é o primeiro deles?

q. (Aplicação) Baseado em autores, ou em sua empresa, desenhe um modelo de LNT que seja adequado para a sua realidade. Explique os motivos para o desenho proposto.

PARTE

SITUAÇÕES E MÉTODOS DE LNT

OBJETIVO DO CAPÍTULO

Neste capítulo são apresentadas diversas técnicas de identificação das necessidades de treinamento, das mais simples às mais estruturadas, segundo algumas situações, cotidianas ou esporádicas, do ambiente organizacional.

A vantagem de priorizar a necessidade, sobre a solução ou o recurso, é o aumento substancial de chances de sucesso do investimento em treinamento e desenvolvimento de pessoas.

"Quando o único instrumento que você tem é um martelo, todo problema que aparece você trata como um prego."

Mark Twain

SITUAÇÕES E MÉTODOS DE LNT

Tendo em vista a diversidade e o dinamismo que caracterizam o ambiente organizacional, o profissional de RH deve estar preparado para lidar com as diferentes situações com que se deparará. A frase do famoso escritor norte-americano Mark Twain, mencionada na abertura deste capítulo, diz tudo. Tentar lidar com todo tipo de situação com um único instrumento é uma ilusão ingênua, para dizer o mínimo. Então, só te restará usá-lo a qualquer custo e com toda a força. Essa é uma armadilha que o bom profissional de T&D não pode cair. As consequências são, na melhor das hipóteses, desperdício de tempo e de energia que jamais serão recuperados. A melhor alternativa, que consegue lidar com a diversidade e transmitir confiança à organização é uma caixa de ferramentas. Isso significa um conjunto de métodos (etapas e passos), que incluem técnicas (maneiras de aplicar) e instrumentos (formulários e sistemas).

Normalmente, uma indicação de ferramentas é feita a partir da própria descrição da ferramenta em si. Isso pode ser trabalhoso, pois seria necessário aprender sobre cada uma delas para, finalmente, fazer uma escolha. Optou-se aqui por apresentá-las a partir de situações nas quais seriam aplicadas. Ao se deparar com a situação, o profissional de recursos humanos abre sua caixa, faz a escolha e retira a ferramenta. Se a ferramenta escolhida for a adequada, ela vai se encaixar como nenhuma outra. Ao aplicá-la, a atividade se desenrolará com rapidez e desenvoltura. Se isso não acontecer, a situação não é exatamente aquela identificada ou a ferramenta não é apropriada.

A seguir, são apresentados alguns aspectos que podem ser analisados para a tomada de decisão sobre formas de investir no capital humano e os elementos a avaliar. Esta lista não esgota as possibilidades sobre o que observar, mas é um bom ponto de partida para decidir sobre as abordagens e, consequentemente, os instrumentos a utilizar. Dependendo do tipo de negócio, da importância de cada aspecto ou da capacidade da equipe de RH, eles podem ser enfatizados ou eliminados da análise, visando concentrar o foco naqueles com maior prioridade ou viabilidade.

Quadro 8 • Aspectos do contexto a analisar e considerar no desenvolvimento de pessoas.

Aspecto do contexto	Elementos a focar/concentrar esforços
Natureza do negócio	• Competências típicas do segmento • Competências essenciais do negócio • Foco nas pessoas ou nos processos
Competitividade	• Vocação da organização • Diferenciais que deveriam ser potencializados • Fraquezas que minam a competitividade • Posicionamento em relação à concorrência ou à legislação • Papel da inovação para o sucesso
Resultados	• Quais são os problemas ou as oportunidades • Em que, provavelmente, se concentram as causas do mau desempenho
Estratégia	• Objetivos e fatores críticos do sucesso dos recursos humanos • Papel da competência • Foco na manutenção ou na mudança • Desafios atuais e futuros a vencer
Perfil da liderança	• Grau de disposição para apoiar o desenvolvimento de pessoas • Seus valores e aqueles que pretendem disseminar
Estrutura	• Divisão dos níveis hierárquicos • Cargos e funções • Grau de formalidade e flexibilidade nas atribuições
Processos	• São automatizados ou manuais • Em que está o foco: cliente, conformidade, custo • Elementos essenciais para operações bem-sucedidas
Volatilidade do conhecimento	• Frequência com que o conhecimento perde sua utilidade • Tendências quanto às mudanças do foco do conhecimento
Especialidades	• Formação especializada e graus de domínio • Técnicas que precisam ser dominadas e aperfeiçoadas
Cultura interna	• Disposição de aprender, de participar e de ser avaliado • Grau de objetividade do estilo de gestão • Resistências e objeções ao treinamento
Expectativas e perfil das pessoas	• Grau de interesse no desenvolvimento técnico e profissional • Preferências, estilos e facilidade de aprender
Recursos financeiros	• Disponibilidade para investimento no capital humano • Alternativas diante da falta de recursos
Equipe de RH	• Tipo e grau de especialização • Estrutura da equipe (cargos e funções) • Ambição e capacidade de inovação

Os elementos a focar, ou concentrar esforços, possuem decorrências que podem ajudar o profissional de RH a ajustar seu papel, dirigir sua atuação e dar mais atenção àqueles de maior potencial de contribuição. Por isso o LNT precisa contar com múltiplos instrumentos, pois cada um tem uma função para a qual se ajusta perfeitamente, como ferramentas em uma caixa.

O LNT pode ser definido como um processo que inclui coleta de informações, análise e proposição de ações de aprendizagem, conduzida por profissionais de RH ou pela própria área, a fim de obter resultados concretos para a organização, para as equipes e para as pessoas. Ele normalmente é feito previamente aos momentos considerados relevantes. Quanto mais cedo puder ser feito, melhor para o projeto e para o planejamento das ações. Porém, como o ambiente organizacional é dinâmico, ele está em constante movimento e mudança. Então, muito do que é identificado e definido pode se tornar obsoleto rapidamente. Como tudo na vida, o LNT é uma atividade que deve equilibrar meios e fins, possibilitando obter o maior resultado com o menor esforço. Então, a questão do grau de previsibilidade da situação a ser encontrada será determinante, como será visto mais adiante. Afinal, ninguém tem uma bola de cristal para saber o que vai acontecer no futuro. E, tampouco, tempo a perder tentando prever o imprevisível.

O LNT não deixa de ser um olhar, tanto para dentro como para fora da organização. Esse olhar pode ter vários pontos de vista, ou perspectivas, e também pode variar dependendo de quem olha, como olha e a atenção que dá a cada detalhe do que vê. Além disso, cada visão pode ser interpretada de diferentes formas. Então, o LNT não deveria ser um mero levantamento, mas um estudo estruturado da forma mais consistente possível. Afinal, ele alimenta processos de tomada de decisão, altera a rotina, ajuda a consertar o presente e, sobretudo, construir o futuro.

MÉTODOS E INSTRUMENTOS

Devido à diversidade do contexto, o profissional de RH deve possuir a maior quantidade de ferramentas possível para executar seu trabalho com efetividade, e ganhar credibilidade na organização em que atua, e até mesmo fora dela. A seguir, será apresentado um conjunto delas, para que o usuário possa escolher aquelas mais úteis para as situações com as quais se depara. Elas podem ser modificadas para que se ajustem melhor às particularidades existentes.

Esse conjunto contém ferramentas mais simples e também mais estruturadas, para necessidades organizacionais, dos processos, das equipes e das pessoas. Existem ferramentas para resolver problemas atuais e também para aproveitar oportunidades futuras. Espera-se com elas que o profissional de RH tenha alternativas para praticamente todas as situações que podem ocorrer.

O LNT reativo não será descrito detalhadamente. Além de sua simplicidade, que dispensaria mais explicações, ele encontra pouco respaldo em termos de fundamentação conceitual. Porém, o LNT reativo nunca deixará de existir, pois o cliente interno precisa, e tem o direito de, solicitar treinamentos pontuais. O inimigo a combater não é a solicitação de treinamento que "cai de paraquedas", mas a falta de elementos que justifiquem a solicitação e que possam ser usados como referência para avaliar resultados no final do processo de aprendizagem. Por isso, um modelo de solicitação semiestruturado, e cuidadosamente construído, é apresentado no Formulário 9 – Solicitação de Treinamento (exemplo corrigido), como um recurso na determinação da avaliação de resultados no LNT.

O Quadro 9, Aspectos a analisar e considerar no desenvolvimento de pessoas, apresenta uma síntese dos métodos de LNT que são descritos neste livro. Em vez de iniciar pelo método, o quadro inicia por uma situação típica. A justificativa desse ordenamento é que o uso de todo instrumento se inicia sempre pela necessidade, nunca pelo instrumento em si. Apresenta ainda públicos-alvo e os pontos fortes e fracos de cada método. Ele pode ser útil ao profissional de RH para efetuar escolhas e para alcançar rapidamente as orientações sobre os métodos.

É importante esclarecer que os métodos aqui descritos são mais dos que etapas metodológicas. Eles compreendem também técnicas, instrumentos, orientações, recomendações e, eventualmente quando existirem, restrições ao uso.

IMPLANTAÇÃO DE PLANO ESTRATÉGICO: DESDOBRAMENTO ESTRATÉGICO

Algumas organizações, em momentos relevantes, buscam mudanças para sobreviver ou se desenvolver. Para isso, são discutidas, analisadas e tomadas decisões de alto nível e de grande potencial de impacto no negócio. Isso inclui ampliações, fusões, aquisições, expansões e também reduções, reestruturações, atualizações, mudanças no sistema de trabalho sobre processos, produtos, serviços, tecnologia ou também mudança na atuação no mercado. Essas decisões quase sempre impactam os processos internos e, por consequência, as responsabilidades e competências das pessoas.

Quadro 9 • Aspectos a analisar e considerar no desenvolvimento de pessoas.

Situação/ Necessidade	Método	Público-alvo	Ponto forte	Ponto fraco
Implantação de Plano Estratégico (PE)	Desdobramento estratégico Plano de metas	Gerentes e pessoas envolvidas com a implantação do PE	Garante o alinhamento estratégico	Se o desdobramento estratégico tem falhas, isso repercute na análise de T&D
Melhoria de resultados	Treinamento para resultados	Gerentes e líderes quando estão diante de problemas em seus resultados	Amplia as chances de o treinamento dar resultados concretos e efetivos	Necessita habilidades de consultoria interna para ser aplicado
Desenvolvimento humano/ comportamental	Pesquisa de conscientização, comportamento e atitudes	Grupos que se supõe necessitar de melhorias no comportamento	Aponta objetivamente *o quanto* e *em que* o comportamento é deficiente	Necessário construir uma pesquisa específica do comportamento que se deseja pesquisar
Desenvolvimento de lideranças e equipes	Grupo focal	Equipes com interesses ou deficiências comuns	É participativo e tem legitimidade, pois é construído pela própria equipe a ser desenvolvida	Precisa de uma boa preparação prévia para ser aplicado
Desenvolvimento de Competências	Gap Analysis	Pessoal técnico, analistas, pessoal de nível superior	Aborda um amplo espectro de competências	Precisa de certa estabilidade no ambiente para permanecer atualizada Entrega um resultado intermediário
Habilidades técnicas e funcionais	Matriz de habilidades	Pessoal operacional e também os de altíssima competência	Concentra em uma única folha a gestão de competências de várias pessoas Melhora rapidamente a execução de tarefas e a operação de processos	Dificuldade de convencer o líder de fazer a atualização constante
Melhoria de desempenho	Avaliação de desempenho e PDI	Líderes e analistas	Consegue chegar às necessidades individuais	Necessário planejamento, tempo e cuidado; entrega um resultado intermediário

(Continua)

(Continuação)

Situação/Necessidade	Método	Público-alvo	Ponto forte	Ponto fraco
Execução de uma tarefa desafiadora, meta ou objetivo	Task Analysis	Líderes, técnicos e especialistas desafiados	Simples e focado; não exige um desdobramento mais estruturado	Necessário fazer muitas indagações e sintetizar o raciocínio
Novos projetos	Task Analysis e cronograma	Técnicos e especialistas	Garante a competência necessária para a execução do projeto	Precisa ser sincronizado com o cronograma do projeto
Há convergência quanto aos temas a desenvolver; Coleta dirigida de necessidades	Pesquisa estimulada	Pessoal de nível operacional ou técnico	Rápida; impede o usuário de esquecer temas pertinentes	Modelo fechado e com pouca possibilidade de incluir elementos
Conhecimentos e habilidades hipoteticamente dominados	Pré-teste	Profissionais técnicos de qualquer especialidade	Analisa objetivamente qual e quanto de conhecimento é faltante	Causa desconforto e resistência; difícil reunir as pessoas para realizar a prova
Necessidades pontuais	LNT reativo	Todos	Simples, fácil e rápido de preencher	Não contém um raciocínio dedutivo. Pode ser usado para solicitações de interesse exclusivamente pessoal e sem relação com o trabalho
Falta de recursos para colocação do aprendizado em prática	Análise de riscos	Todos	Evidencia as dificuldades de aplicar o treinamento	Exige tempo e esforço adicional do Analista

Quando a estratégia tem um caráter determinista, ela já contém seus desdobramentos, bem como os impactos humanos e o desenvolvimento necessário. Nesse caso, pouca coisa pode ser necessária para a gestão de Recursos Humanos fazer senão cumprir o que foi determinado. Porém, algumas estratégias são desdobradas apenas em termos de diretrizes ou objetivos, não contendo os desdobramentos das competências necessárias para a execução da estratégia ou para a consecução das metas. Diante disso, é necessário fazer a interpretação de seus aspectos para deduzir o esforço em termos de treinamento e desenvolvimento.

Existem, basicamente, duas formas de obter a melhoria do desempenho organizacional e que serão exploradas neste método: de cima para baixo, por meio de implantação de estratégias, e de trás para a frente, pela análise de resultados na cadeia de valor para identificação de causas do mau desempenho.

Figura 13 • Formas de aumentar o desempenho organizacional.

O Formulário 1 apresenta um instrumento estruturado para o desdobramento da estratégia e da dedução dos treinamentos. Além dos dados de identificação e controle, o formulário tem nove campos divididos em três grupos, assim distribuídos:

a. **Desdobramento estratégico**

É o plano estratégico propriamente dito; deve ser feito pela liderança e pelas pessoas-chave da própria área, sem necessariamente ter a participação do RH; normalmente é dividido em:

- Objetivo ou Intenção Estratégica: desejo da direção ou da organização.

- Ações Táticas: escolhas essenciais para a realização da estratégia.
- Ações Operacionais: tarefas.

b. Competências Necessárias

São as competências adicionais, ainda inexistentes e que são necessárias para executar as Ações Operacionais; não é necessário preencher todos os campos, mas apenas aqueles cujas competências sejam realmente essenciais; são divididas e priorizadas em:

- Conhecimentos: o saber.
- Habilidades: o saber fazer.
- Atitudes e comportamentos: o querer fazer.

O grau de prioridade é inserido para determinar aquelas com maior importância, ou seja, A/M/B significando prioridade Alta, Média ou Baixa das competências identificadas.

c. Investimento Humano

São as indicações das formas de prover as competências priorizadas; esse campo pode ser preenchido posteriormente, pelo profissional de T&D, após uma análise mais crítica da situação, bem como as lacunas comuns na organização. Devem ser indicadas:

- Ações de T&D/Aprendizagem: treinamento, desenvolvimento ou outra ação indicada para prover as competências adicionais necessárias.
- Público-alvo: pessoas ou grupos de pessoas que deverão desenvolver a competência indicada como prioritária, visando executar as Ações Operacionais.

Esse instrumento é aplicável em organizações que tenham um plano estratégico válido e estruturado em nível diretivo, gerencial e operacional. Trata-se de um modelo bem detalhado e sofisticado que proporciona um raciocínio coerente, da esquerda para a direita, à medida que a próxima coluna é deduzida da coluna anterior. Se o plano estratégico já está pronto, ele pode ser transcrito para as primeiras colunas do formulário, uma vez que o LNT começa a partir da identificação das competências necessárias para executar as Ações Operacionais.

Recomenda-se, para que o raciocínio seja mantido e continuado, que o preenchimento aconteça linha por linha, e não coluna por coluna.

É aplicável também em situações nas quais o estilo de gestão prima pela racionalidade, transparência e capacidade da organização de definir e construir seu próprio futuro. Pode ser bem aplicado também naquelas em que há um processo de governança estruturado em Conselhos de Administração, *holdings* controladoras e também órgãos e entidades públicos. Sua lógica facilita não só o direcionamento da análise, mas também a verificação de sua coerência e sua consistência.

Para testar a consistência da análise, a conferência deve ser feita no sentido inverso. Tomando-se as ações de aprendizagem para verificar se de fato elas têm potencial para desenvolver as competências. Se as competências podem realmente contribuir para a execução das ações operacionais. E assim por diante.

Quanto à avaliação das ações de aprendizagem, uma vez que elas foram deduzidas do plano estratégico, podem ser vinculadas à obtenção do objetivo ou da intenção, no mais alto nível (coluna da esquerda). Dessa forma, se esse objetivo estratégico foi cumprido, todos os treinamentos e as demais ações de T&D estarão, em princípio, automaticamente validados. Caso contrário, se os objetivos e as intenções não foram alcançados, não importa o quanto os treinamentos e as demais ações de T&D tenham sido positivos pois, em última instância, lograram em um resultado de pouca ou nenhuma utilidade.

A grande vantagem desse instrumento é a transparência e a lógica sequencial e causal sobre o qual o raciocínio se deduz e se constrói. Sobretudo quando a gestão tem um perfil racionalizado, os porquês precisam estar claros, facilmente demonstráveis e coerentes. Nesse tipo de situação, instrumentos bem formatados, como é o caso desse, funciona como um trilho para o pensamento, o que tende a evitar devaneios sem sentido.

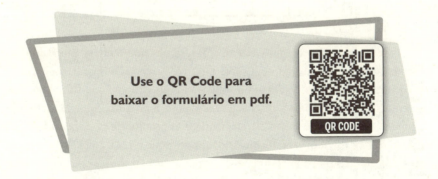

Use o QR Code para baixar o formulário em pdf.

Formulário I • LNT por Desdobramento Estratégico.

LNT POR DESDOBRAMENTO ESTRATÉGICO

Diretoria/Gerência: Nome/Cargo: Tel: E-mail: Data:

DESDOBRAMENTO ESTRATÉGICO			COMPETÊNCIAS ADICIONAIS NECESSÁRIAS			INVESTIMENTO HUMANO		
Objetivo ou Intenção Estratégica	Ações Táticas	Ações Operacionais	Conhecimentos	Habilidades	Atitudes	Prioridade A/M/B	Ações de T&D/Aprendizagem	Público-Alvo

Prioridade: Alta, Média, Baixa, = (igual)

MELHORIA DE RESULTADOS: TREINAMENTO PARA RESULTADOS

Conforme discutido anteriormente, uma das maneiras de fomentar a melhoria do desempenho é por meio de uma análise de resultados na cadeia de valor. Resultados negativos são efeitos de processos ou atividades deficientes, que limitam a capacidade de aproveitamento de oportunidades. Por isso a análise deve ser feita por rastreabilidade, ou seja, de trás para frente.

O profissional de RH deve estar devidamente instrumentalizado para iniciar um processo de análise e procura da causa raiz, juntamente com os representantes desses processos. Isso é particularmente necessário quando o processo suspeito contém variáveis humanas dentre as causas potenciais. Normalmente, esses processos deficientes já passaram por várias tentativas de solução malsucedidas antes de o RH ser envolvido. Assim, o chamado da intervenção é uma tentativa que precisa ser feita com cuidado para que os erros anteriores não sejam repetidos[1].

O método aqui apresentado possui foco no resultado, sendo baseado em uma abordagem de diagnóstico, perpassando necessariamente por todas as etapas apresentadas nas Macroetapas de um LNT (Figura 6). Para seu uso, o profissional de RH deve procurar a liderança ou a pessoa-chave da área para conduzir uma entrevista e fazer uma análise do problema.

O instrumento sugerido para esse caso (Formulário 2 — LNT para Resultados) tem duas páginas e seus campos são praticamente autoexplicativos. A primeira contém campos para caracterizar e dimensionar o resultado e realizar um diagnóstico das potenciais causas. O resultado esperado pode ser identificado, especificado e definido como problemas ou oportunidades. Indicadores claros e mensuráveis devem ser usados para tangibilizar o tipo que for escolhido. Os campos de Perdas Mensuradas e Ganhos Possíveis são mutuamente exclusivos: o usuário pode preencher apenas um deles. A identificação do problema ou da oportunidade termina com o consenso entre os envolvidos. Seria temeroso dar continuidade a um processo de análise se houvessem divergências quanto a

---

[1] Citando outros autores seminais, Tobey lembra que o LNT é "[...] a arte e a ciência de encontrar o problema certo e compreendê-lo completamente". (ZEMKE e KRAMLINGER, 1982 apud TOBEY, 2005, p. 2. Traduzido pelo autor.)

SITUAÇÕES E MÉTODOS DE LNT

simples existência de um problema ou de uma situação com potencial de ganhos razoáveis.

O consenso é fundamental para evitar que o profissional de RH embarque em uma canoa furada, trabalhando em um problema sobre o qual não há consenso acerca de sua existência ou causalidade. Uma ação exclusiva de confirmação, incluindo entrevistas ou reuniões com as partes envolvidas, pode ser necessária para obter convergência e decidir se o LNT segue em frente ou não[2].

Para facilitar o uso do instrumento, a etapa de diagnóstico é simples e pouco estruturada. Ela apresenta algumas tarefas de classificação, para separar "o joio do trigo", facilitando a concentração nas categorias nas quais há potencial significativo de atuação e sucesso. A análise "É-NÃO É" é uma ferramenta da qualidade que tem por intenção evidenciar os elementos com chances de serem a(s) causa(s) do(s) problema(s) ou alavancador(es) da(s) oportunidade(s). Cabe ao profisisonal de RH (Analista ou Business Partner) fazer provocações, indagando se a causa não seria "essa" ou "aquela", inserindo as respostas no lado correto, de acordo com as confirmações do representante da área que está sendo analisada.

O mesmo deve ser feito para os problemas de Processo, Pessoas e Gestão. Se houver problemas relacionados a competências, o processo deve continuar na folha seguinte. Se houver problemas não treináveis, a análise deverá ser feita usando o Formulário 6 — Análise de Riscos em T&D — ou por outro processo de melhoria que a empresa tiver implantado.

---

[2] Mesmo em um método de LNT simplificado, de apenas três passos, Kavita Gupta dedica o segundo passo exclusivamente para a confirmação do problema. A autora recomenda reunir os envolvidos em uma sala e colocar as questões em discussão, ou entrevistar cada parte separadamente se houver alguma questão política relevante. Ver Gupta (2005, p. 65).

Formulário 2 • LNT para Resultados. (Página 1)

▶ qualypro — LNT PARA RESULTADOS

1. Nome / Cargo	2. Área/Departamento

CARACTERIZAÇÃO DO PROBLEMA OU DA OPORTUNIDADE

3. Problema ou Oportunidade	4. Processo/Produto

5. Pessoal envolvido, Cargos e Áreas		

6. Indicadores do Problema/Oportunidade	7. Níveis atuais	8. Níveis desejados

9. Perdas mensuradas ou observadas	10. Ganhos possíveis

11. Há consenso sobre o problema? ☐ Sim (prosseguir no Diagnóstico) ☐ Não (obter consenso)
Ação para obtenção de consenso (caso não haja):

DIAGNÓSTICO

12. Análise É / NÃO É	
O que o problema É (pode ser)	O que o problema NÃO É (não deve ser)

13. Problemas de Processo: equipamentos, padrões, recursos, materiais etc → planejar melhoria

14. Problemas de Gestão: orientação, informação, monitoramento, feedback etc → planejar melhoria

15. Problemas de Pessoal: desempenho, perfil, remuneração, benefícios, rotatividade, assiduidade etc. → ir para 16. Lacunas

Formulário 2 • LNT para Resultados. (Página 2)

16. Lacunas de Competência (indicar quais e apenas aquelas que precisam ser desenvolvidas, nas categorias abaixo)

a) Conhecimentos →

b) Habilidades →

c) Comportamentos e Atitudes →

d) Experiência →

e) Aptidões inatas →

OBJETIVOS E METAS

17. Indicador da causa	18. Nível esperado após o programa	19. Melhoria %

20. Outros objetivos qualitativos esperados após o programa

INTERVENÇÃO OU TREINAMENTOS

21. Ações de Treinamento (usar somente os que tenham sido diagnosticados)

a) Conhecimentos →

b) Habilidades →

c) Comportamentos e Atitudes →

d) Experiência →

e) Aptidões inatas →

ANALISTAS ENVOLVIDOS

Analista de Treinamento	Representante(s) da área	Data da análise

ENGAJAMENTO

22. Hierarquias		
Nome, Cargo e Área	Nome, Cargo e Área	Nome, Cargo e Área

Na segunda página, o Analista/BP vai inserir o resultado de sua análise de competências, as ações de aprendizagem e obter o engajamento necessário para dar início ao processo de melhoria.

As lacunas de competência devem ser claramente identificadas para haver maior grau de precisão da deficiência encontrada[3]. Uma vez analisadas essas lacunas, elas devem ser inseridas no campo apropriado, segundo a classificação de sua natureza: Conhecimentos, Habilidades, Comportamentos e Atitudes, Experiências (conhecimento tácito) ou Aptidões Inatas. As Aptidões Inatas são competências intrínsecas, que dificilmente podem ser desenvolvidas. Exemplos são as características físicas e traços de personalidade[4].

Em seguida, e após serem discutidas as competências a serem desenvolvidas, é preciso identificar os indicadores causais que, se forem melhorados, aumentariam significativamente o potencial de resolver o problema ou aproveitar a oportunidade. Para ilustrar esse raciocínio, são apresentados no Quadro 10, seis exemplos que podem auxiliar a compreensão do que seria um indicador causal.

Quadro 10 • Exemplos de diagnóstico de problemas.

Problema/oportunidade →	Problema de pessoal →	Indicador causal
Não conquistamos novos clientes	Vendedores não fazem prospecções	Quantidade de visitas/mês
Baixa satisfação de clientes	Baixo nível de cortesia	Cortesia do atendente
Retrabalho no processo	Alta dispersão do desempenho	Defeitos por operador
Alto nível de sinistros (veículos)	Imprudência	Cuidado ao dirigir
Conflitos no trabalho	Falta de harmonia e colaboração	Clima de camaradagem
Vendas do produto X baixas	Vendedores ofertam pouco o produto	Quantidade de propostas do produto X emitidas/mês

---

[3] Segundo Jean Barbazette é preciso "[...] identificar se a deficiência é causada por falta de conhecimento ou de habilidade ou se outros aspectos estão obstruindo o caminho". Ver Barbazette (2006, p. 17. Traduzido pelo autor).

[4] Lucia e Lepsinger consideram as características inatas em seu modelo de competências que, segundo os autores, são provavelmente as mais complexas e difíceis de serem desenvolvidas. Ver Lucia e Lepsinger (1999, p. 6).

Se uma boa análise do problema e um bom diagnóstico da causa forem feitos, o profissional de RH deve chegar bem próximo da causa raiz do problema ou da oportunidade[5]. Tal preceito não é apenas uma recomendação, mas uma técnica fundamental das metodologias de resolução de problemas, típicas da disciplina da Gestão da Qualidade.

Além disso, é importante salientar que é um erro metodológico atribuir uma falta de competência como causa raiz. A ausência de uma solução nunca se configura como sendo um problema. Para ilustrar essa afirmativa, tome-se, a título de exemplo, um auxiliar de confeiteiro em uma padaria. Se um creme não fica na consistência correta, não é por falta de treinamento. Talvez ele esteja batendo a nata no tempo menor que o necessário. Talvez seja a velocidade do batedor, ou o momento de adicionar o açúcar. É a indagação acurada e a identificação de elementos causais como esses que um profissional de RH precisa desenvolver para fazer análises consistentes e inquestionáveis. Essa é uma habilidade que se conquista com a prática contínua.

Quanto às intervenções ou aos treinamentos indicados, eles devem ser preenchidos no campo apropriado a uma ou mais das cinco categorias de competência apresentadas. Tal qual a análise das lacunas de competências, feita mais acima, não é preciso preencher todas, mas apenas aquela ou aquelas nas quais seja necessária uma intervenção com elevadas chances de sucesso. A indicação dessas intervenções de aprendizagem requer um amplo conhecimento das técnicas disponíveis e jamais deve ser confundida com a identificação de competências. Uma coisa é a doença e outra é o remédio[6]. Recomenda-se, portanto, ao profissional de RH, um estudo mais amplo dessas possibilidades de aprendizagem, uma vez que elas são em quantidade e diversidade muito maior do que se tem praticado hoje nas organizações. Esse é um campo que faz parte do desenho instrucional.

Encerrando a análise com o modelo, o profissional de RH deve indicar as pessoas envolvidas e obter o engajamento das lideranças das áreas em que se darão as intervenções de aprendizagem. O ato de firmar concordância, e manifestar formalmente o comprometimento, é útil para evitar questionamentos posteriores

---

[5] Como referência, e reforçando esse argumento, Rummler apresenta uma estrutura de elementos causais do desempenho organizacional, que possui a seguinte ordem: Conhecimento/habilidade; Ator/Comportamentos; Tarefas/Resultado do trabalho; Resultado do processo/Resultado organizacional. Ver Rummler (2008, p. 79).

[6] Tobey insiste que uma coisa é o que se encontrou, outra coisa é o que se recomenda. O autor orienta o profissional de RH a nunca misturar essas duas coisas. Ver Tobey (2005, p. 97).

e garantir o apoio gerencial ao treinamento e sua aplicação no ambiente de trabalho. É recomendável que essa manifestação aconteça no mais alto nível possível[7].

Após o aprendizado e a aplicação, apoiados por suporte técnico e institucional, espera-se um tempo para que o resultado apareça. O parâmetro para a avaliação do resultado já está claro no documento, pois foi feito *a priori*, como deve ser. O profissional de RH, ou outra pessoa designada, deve mensurar os indicadores da causa raiz identificada e, em última instância, do problema ou da oportunidade que iniciaram todo o processo. A efetividade pode estar dentro, acima ou abaixo do esperado, em diferentes graus. O treinamento, por sua vez, pode também ter favorecido esses indicadores em diferentes níveis de contribuição. No momento da avaliação da eficácia é preciso isolar o efeito do treinamento sobre os outros fatores influentes.

DESENVOLVIMENTO COMPORTAMENTAL: *SURVEY*

O desenvolvimento humano nos remete a um processo para tornar as pessoas melhores nas relações com os outros, com o mundo que nos cerca e com a própria relação consigo mesmas. Na taxonomia de Bloom, que compreende o *Conhecimento*, as *Habilidades* e as *Atitudes*, o desenvolvimento humano é aquele de natureza essencialmente comportamental. Há uma relação dessa tipologia com o sistema afetivo, que se traduz essencialmente no querer fazer. São as atitudes em situações específicas, ou o conjunto delas no tempo, que configura um hábito, ou seja, um comportamento.

Os comportamentos inadequados podem se manifestar em conflitos, ausência de cooperação, sabotagem, falsa adesão, inação, desmotivação ou qualquer comportamento considerado desfavorável para a obtenção de resultados desejados. Também podem ser diagnosticados comportamentos que favorecem a implantação de uma cultura, ou que impulsionem resultados, como maior agressividade nas vendas, atenção aos problemas e aos custos, ou abordagens para a conquista de novos clientes. Evidentemente, os fatores relevantes para que o comportamento desejado seja observado são o conhecimento e habilidades prévios

---

[7] Segundo Barbazette, para o sucesso do processo, é preciso ser sensível com quem toma decisões e também como as decisões são tomadas. Para isso é recomendável obter a aprovação no nível mais alto possível da organização. Ver Barbazette (2006, p. 10).

SITUAÇÕES E MÉTODOS DE LNT

para o desenvolvimento de uma atividade. Sem isso, o comportamento verificado será mera casualidade ou, na melhor das hipóteses, uma competência inata. Evidentemente, não se pode contar com esses elementos para a realização de um trabalho. Então, os comportamentos e as atitudes são componentes das pessoas competentes e eles diferem de função para função, de situação para situação e de contexto para contexto.

Embora não haja unanimidade na ideia de que o comportamento possa ser induzido, existem diversas técnicas para o seu desenvolvimento e reforço. Então sua necessidade deve também ser avaliada e analisada para a decisão sobre a viabilidade de intervenção. Evidentemente, o domínio afetivo não é como o cognitivo ou o psicomotor. Essas categorias de competências não podem ser simuladas. Se uma pessoa as demonstra repetidas vezes, então de fato as domina. Já a competência comportamental é diferente. Diante de situações de ameaça, ou aquelas em que poderá tirar proveito, o ser humano pode simular ter todo tipo de comportamento, mesmo que não os possua, ao menos durante um certo tempo. Dessa forma, tanto o levantamento, quanto o desenvolvimento e a avaliação precisam ser feitos com certo critério metodológico, pois as respostas podem ser convenientemente escolhidas e fornecidas ou podem sofrer influências do próprio processo de investigação.

Frequentemente, a identificação de carências de competências humanas acontece por meio de relatos verbais da liderança, de colegas ou de pessoas presentes no ambiente de trabalho. Se a ocorrência foi pontual e isolada, então as intervenções podem ser focalizadas no indivíduo ou na situação na qual ele aparece. Nesses casos, normalmente, não há uma avaliação estruturada e a intervenção acontece por simples feedback. Esse tipo de avaliação subjetiva, tanto pontual quanto coletiva, é fácil de fazer, embora quase sempre careça de estruturação metodológica.

O método que será descrito a seguir serve para comportamentos e atitudes específicos e observáveis, como uma alternativa quantitativa para a avaliação. A mensuração do comportamento tem diversas vantagens:

    ▷   minimiza a subjetividade;

    ▷   facilita a avaliação do grau do fenômeno;

    ▷   facilita a interpretação pelo público interessado;

    ▷   facilita a análise da correlação entre os resultados e os fatores causais;

    ▷   facilita a comparação antes-depois;

    ▷   facilidade de padronizar e sistematizar;

    ▷   facilidade de automatizar;

▷ rapidez e baixo custo de coleta;

▷ mantém o anonimato do respondente;

▷ pode ser representado graficamente.

O ponto fraco é a impossibilidade de alterar as variáveis durante a pesquisa, para consideração de outros aspectos que eventualmente possam surgir durante a coleta, coisa que seria possível em uma entrevista, por exemplo.

O método de LNT para esses casos é o *survey*. Trata-se de um método que tem sua fundamentação na metodologia de pesquisa em ciências sociais. Para sua implementação, um questionário deve ser preparado e enviado para o grupo foco do estudo. Após o preenchimento, esse questionário tem suas respostas tabuladas, indicadores são calculados e as análises dos resultados elaboradas.

Para fazer um LNT com o *survey* os seguintes passos devem ser seguidos:

1. **Definir o objetivo e o grupo-alvo da avaliação**

   Qual fenômeno comportamental é preciso avaliar e em qual grupo de pessoas; normalmente as avaliações são feitas sobre os comportamentos que se expressam na forma de atitudes observáveis como, por exemplo, iniciativa, adesão, comprometimento, colaboração, respeito, satisfação, espírito de equipe, presenteísmo, aspectos culturais, qualidade de vida, felicidade, clima, camaradagem, cumprimento de regras etc. O grupo-alvo influencia na linguagem e no meio de acesso (papel ou eletrônico) à pesquisa. Mais adiante é mostrado um exemplo de *survey*, que foi elaborado para medir o grau de intenção do empregado em permanecer na empresa em que trabalha.

2. **Escolher ou definir a variável comportamental e seu construto**

   As atitudes observáveis que constituem o fenômeno comportamental a ser avaliado se denomina construto, e ele pode ser obtido de uma pesquisa já elaborada[8] ou desenhado especialmente para a

---

[8] Alguns construtos já prontos, para comportamentos comuns, podem ser obtidos nas obras *Medidas do Comportamento Comportamental* e *Novas Medidas do Comportamento Comportamental*. São referências muito práticas para aplicar e aprender como pesquisas e escalas são estruturadas. Ver Siqueira *et al.* (2008) e Siqueira *et al.* (2013).

pesquisa. Um exemplo simples de representação de um construto é mostrado na Figura 14.

3. **Definir o propósito da avaliação**

O propósito da avaliação diz respeito ao tipo de problema ou ao fenômeno que se busca descobrir ou mensurar. Isso pode influenciar a redação das questões, tendo como foco:

- Autopercepção, percepção da equipe.
- Valores e atitudes.
- Preferência, interesse, opinião.
- Identificação de problemas.

4. **Decidir o formato das questões e a escala de mensuração[9]**

As questões devem ser elaboradas a partir do construto escolhido ou elaborado. Cada questão deve ter uma estruturação de resposta predefinida, cujo objetivo é transferir a percepção do respondente à escala, que pode ser:

- Múltipla escolha: uma única resposta dentre as demais que são erradas.
- Escalas de valores: todas as alternativas são, a princípio, boas, cabendo ao respondente identificar aquela de sua preferência.
- Avaliação: julgamento do grau de concordância ou aceitação de uma única alternativa.
- Classificação ou ranqueamento: ordenamento do mais para o menos relevante.

Exemplos de escalas comumente usadas, são mostrados nas Figuras 15 e 16.

5. **Redigir e sequenciar as questões**

As questões podem ser na forma de afirmativas ou perguntas. Devem ser redigidas em uma linguagem que o público entenda sem gerar duplas interpretações. É recomendável que o formulário não

---

[9] Uma boa referência para escalas pode ser encontrada em Oliveira (2001).

leve o respondente a acreditar que as questões "certas" estejam sempre de um mesmo lado da escala. Além disso, é recomendável a mistura das questões sobre o mesmo tema, para evitar que uma ideia preconcebida sobre ele acabe emergindo e afetando a apreciação de cada questão isoladamente.

6. **Redigir a apresentação e as instruções para preenchimento**

Além de mostrar o objetivo da pesquisa, a apresentação deve:

- Estimular o respondente a participar.
- Prover informações para o correto preenchimento.
- Fornecer contato em caso de dúvidas.

A apresentação deve ter um tom neutro, não influenciando e nem fazendo promessas que não possam ser cumpridas. A apresentação deve conter o nome da liderança ou da equipe responsável por sua aplicação. A transparência faz parte da ética envolvida em qualquer pesquisa em ciências sociais.

7. **Validar o questionário com um grupo de controle**

Formatar, preparar e aplicar a pesquisa para um grupo restrito, indagando-os sobre o que foi entendido de cada questão. Fazer os ajustes necessários para se certificar de que o instrumento é capaz de cumprir seu propósito.

8. **Reproduzir ou transferir a pesquisa para um meio (papel ou eletrônico)**

- Decidir uma forma de distribuição da pesquisa: em papel ou por e-mail.
- Procurar obter a maior quantidade possível de respostas no prazo desejado.
- Tirar cópias e distribuir, ou transferir, a pesquisa para um software aplicativo (SurveyMonkey, Google Forms etc.).

Existem vantagens de usar um aplicativo pois, além de enviar a pesquisa ele controla a quantidade de respostas recebidas, calcula os indicadores básicos de média e elabora gráficos automaticamente.

Normalmente, em uma pesquisa não se exige a identificação do respondente, para não provocar temores quanto a ilações ou a temores de retaliação.

9. **Aplicar a pesquisa e recuperar os formulários**

- Distribuir ou disparar a pesquisa em meio eletrônico ao público-alvo, definindo a data e o destinatário para devolução.
- Esclarecer as eventuais dúvidas das equipes.
- Recolher os formulários preenchidos em papel.
- Cobrar pela devolução dos questionários não recebidos, quando a quantidade estiver aquém do mínimo esperado.

10. **Tabular e analisar dados**

Recolher a pesquisa e inserir os dados em planilha ou programar o sistema para fazer as consolidações e calcular os indicadores. Se a coleta de dados for feita por meio eletrônico, os resultados são automaticamente registrados no programa, e as respostas, tabuladas. O uso de planilhas eletrônicas é bastante comum. As organizações metodologicamente mais estruturadas podem fazer uso de softwares aplicativos mais avançados[10].

11. **Preparar o relatório com os resultados**

Calcular indicadores, construir os gráficos, fazer as análises e tirar as conclusões dos dados. O tipo de gráfico, bem como as conclusões da análise, dependerá do tipo de escala e dos critérios considerados mínimos para cada questão. As análises devem ser cruzadas com os dados dos perfis dos respondentes para determinar eventuais concentrações em categorias demográficas. Isso pode ser bastante útil para compreender a localização do problema e desenhar atividades de treinamento e desenvolvimento sob medida para os grupos cujos resultados tenham sido menos favoráveis.

---

[10] Um exemplo é o SPSS — Statistical Package for the Social Sciences. Disponível em https://www.ibm.com/br-pt/products/spss-statistics.

Talvez a questão mais complexa em um *survey* é como caracterizar o comportamento a ser avaliado na equipe, em atitudes facilmente observáveis. Esse desdobramento é chamado de construto e pode ser elaborado pela empresa, ou obtido na literatura[11].

Construtos são estruturas causais, ou estruturas de variáveis necessárias para compreender como um fenômeno (variável dependente), e podem ser explicados pela observação de um conjunto de atitudes observáveis (variáveis independentes). O desdobramento de um construto é fundamental para compreender um fenômeno intangível qualquer. Construtos podem ser representados em diagramas de relação, conforme mostrado a seguir.

Figura 14 • Exemplo de construto (satisfação do empregado).

A satisfação do empregado proposta foi desmembrada em duas categorias: satisfação com o trabalho propriamente dito e com o ambiente. Esta se desdobra entre a satisfação na relação com os colegas de trabalho e a liderança. Já a satisfação com o trabalho se divide entre as recompensas — composto pela satisfação com o salário e benefícios — e a identificação do empregado com sua função e suas responsabilidades.

Depois de montado o construto, o próximo passo é a elaboração das questões do *survey*. Para cada elemento, uma ou mais frases devem ser redigidas, na forma de perguntas ou assertivas, para que o respondente informe ou confirme

---

[11] Para uma pesquisa sobre alguns construtos e instrumentos de medição de comportamento, ver Siqueira (2008).

seu grau de concordância com cada um. A resposta deve ser inserida em uma escala para obtenção de respostas quantitativas. As escalas mais comuns são a de Likert e a de diferencial semântico; porém, existem outros tipos de escalas disponíveis na literatura técnica[12]. O Quadro 11 apresenta uma relação de diversos tipos de escala de Likert de cinco pontos. Já a Figura 15 apresenta um exemplo de grau de concordância usando a escala de diferencial semântico. A diferença básica entre elas é que esta última permite ampliar a uma quantidade de pontos acima de cinco, normalmente usada na escala de Likert sendo, portanto, mais precisa na medição, ao oferecer mais alternativas de resposta.

Quadro 11 • Exemplos de escalas de Likert de cinco pontos.

0	1	2	3	5
Concordo	Tendo a concordar	Não sei	Tendo a discordar	Discordo
Excelente	Muito bom	Bom	Médio	Pobre
Muito importante	Importante	Sem importância	Pouco importante	Muito pouco importante
Muito insatisfeito	Insatisfeito	Nem satisfeito nem insatisfeito	Satisfeito	Muito satisfeito
Sempre	Frequentemente	Às vezes	Raramente	Nunca
Muito pior do que o esperado	Pior do que o esperado	Como esperado	Melhor do que o esperado	Muito melhor do que o esperado
Discordo Totalmente	Discordo	Nem concordo nem discordo	Concordo	Concordo totalmente
Muito alto	Alto	Moderado	Baixo	Muito baixo
Em grau muito alto	Em alto grau	Algum grau	Em baixo grau	Em muito baixo grau

Figura 15 • Exemplos de escala de diferencial semântico de seis pontos.

Discordo totalmente							Concordo totalmente
Muito insatisfeito							Muito satisfeito
Muito importante							Muito pouco importante

---

[12] Ver Oliveira (2001).

Um exemplo de *survey* é mostrado no Formulário 3. Essa pesquisa foi feita pelo Grupo de Estudo Retenção de Pessoas, da ABRH-MG em 2013 para avaliar a intenção da permanência dos empregados de um grupo de empresas. O formulário contém dados demográficos que servem para fazer estratificações por categorias e verificar a existência de eventuais concentrações. Em seguida são apresentadas as questões que foram elaboradas a partir do construto elaborado pelo grupo, oriundas das discussões sobre o tema. O problema apresentado e que justificou a pesquisa foi a dificuldade de reter pessoas em uma economia, até então, em crescimento. No formulário final, as questões foram embaralhadas e reagrupadas posteriormente no momento da análise. A pesquisa foi aplicada com formulários em papel e também usando o software Surveymonkey. Foram pesquisadas sete empresas, usando uma variante do modelo desse formulário, que foi respondido por cerca de 350 pessoas.

Formulário 3 • Exemplo de survey (Página 1)

Pesquisa sobre a Intenção de Permanência

Prezado colaborador,

Esta pesquisa, desenvolvida pela regional mineira da Associação Brasileira de Recursos Humanos — ABRH-MG, tem, por intenção, estudar os motivos da rotatividade da mão de obra no mercado de trabalho.

Por meio da análise dos resultados desta pesquisa, que está sendo aplicada também em outras empresas mineiras, a ABRH-MG pretende avaliar os motivos que levam os empregados a permanecer nas organizações, visando oferecer subsídios para o planejamento ou o aprimoramento dos processos de retenção de pessoas.

Solicitamos sua ajuda nesse processo, preenchendo este questionário até o dia 19/04/13. Para fazer isso, basta clicar no link abaixo.

Agradecemos imensamente pela sua participação.

Divisão de Relações Humanas e Sindicais

Esse é o link da pesquisa: [Clique aqui para responder]

Este link está vinculado exclusivamente a esta pesquisa e ao seu endereço de e-mail. Por favor, não encaminhe esta mensagem a qualquer outra pessoa.

Formulário 3 • Exemplo de survey (Página 2)

Pesquisa sobre a Intenção de Permanência

1. **INFORMAÇÕES GERAIS SOBRE VOCÊ**

2. **IDENTIFICAÇÃO E SIGNIFICADO**

a) Trabalhar nesta empresa é importante para mim.

Sempre	Frequentemente	Às vezes	Raramente	Nunca

b) Eu sinto orgulho do que faço.

Sempre	Frequentemente	Às vezes	Raramente	Nunca

c) Eu sinto orgulho da minha empresa.

Sempre	Frequentemente	Às vezes	Raramente	Nunca

d) Minha família está satisfeita com o fato de eu trabalhar aqui.

Sempre	Frequentemente	Às vezes	Raramente	Nunca

e) Eu confio na empresa em que trabalho.

Sempre	Frequentemente	Às vezes	Raramente	Nunca

Formulário 3 • Exemplo de survey (Página 3)

Pesquisa sobre a Intenção de Permanência

3. CONDIÇÕES INTERNAS FAVORÁVEIS

a) Estou satisfeito com o relacionamento que tenho com minha chefia.

Sempre	Frequentemente	Às vezes	Raramente	Nunca

b) Aqui eu tenho oportunidades de crescimento.

Sempre	Frequentemente	Às vezes	Raramente	Nunca

c) Minha chefia distribui o trabalho de maneira adequada.

Sempre	Frequentemente	Às vezes	Raramente	Nunca

d) Aqui a comunicação acontece de maneira aberta e transparente.

Sempre	Frequentemente	Às vezes	Raramente	Nunca

e) Minha carga de trabalho é muito pesada.

Sempre	Frequentemente	Às vezes	Raramente	Nunca

f) A empresa oferece os recursos necessários para executar meu trabalho.

Sempre	Frequentemente	Às vezes	Raramente	Nunca

g) As condições físicas (equipamentos, mobiliário, temperatura etc.) são adequadas.

Sempre	Frequentemente	Às vezes	Raramente	Nunca

h) A empresa investe em minha capacitação (treinamento, aperfeiçoamento etc.).

Sempre	Frequentemente	Às vezes	Raramente	Nunca

i) O relacionamento que possuo com meus colegas é agradável.

Sempre	Frequentemente	Às vezes	Raramente	Nunca

SITUAÇÕES E MÉTODOS DE LNT

Formulário 3 • Exemplo de survey (Página 4)

Pesquisa sobre a Intenção de Permanência

4. SATISFAÇÃO NO TRABALHO

a) Eu gostaria de trabalhar com outra coisa.

Sempre	Frequentemente	Às vezes	Raramente	Nunca

b) Eu gostaria de trabalhar em outra empresa.

Sempre	Frequentemente	Às vezes	Raramente	Nunca

c) A empresa reconhece a importância do seu trabalho?

Sempre	Frequentemente	Às vezes	Raramente	Nunca

d) O clima organizacional da minha empresa me agrada.

Sempre	Frequentemente	Às vezes	Raramente	Nunca

e) Aqui é um bom lugar para se trabalhar.

Sempre	Frequentemente	Às vezes	Raramente	Nunca

5. CONDIÇÕES EXTERNAS FAVORÁVEIS

a) Como você considera seu salário em relação ao mercado?

Muito abaixo	Abaixo	Igual	Acima	Muito acima	Não sei

b) Você considera que os benefícios que recebe estão compatíveis com o mercado?

Muito abaixo	Abaixo	Igual	Acima	Muito acima	Não sei

c) Você mantém relacionamento com o mercado de trabalho da sua área?

Sempre	Frequentemente	Às vezes	Raramente	Nunca

d) Você tem procurado novas propostas de trabalho?

Sempre	Frequentemente	Às vezes	Raramente	Nunca

Formulário 3 • Exemplo de survey (Página 5)

Pesquisa sobre a Intenção de Permanência

e) Você tem acompanhado as oportunidades do mercado de trabalho?

Sempre	Frequentemente	Às vezes	Raramente	Nunca

f) Você pensa em trabalhar em sua cidade de origem ou onde mora sua família?

Não se aplica	Sempre	Frequentemente	Às vezes	Raramente	Nunca

g) Você pensa em trabalhar em outras regiões do país ou do mundo?

Sempre	Frequentemente	Às vezes	Raramente	Nunca

6. ASPECTOS RACIONAIS

a) Você considera o tempo que você leva para chegar ao trabalho...

Pouco e isso não me preocupa	Razoável e bem suportável	Indiferente	Alto e isso começa a me incomodar	Muito alto e me preocupo bastante com isso

b) Como você se sente em relação ao horário e à jornada de trabalho?

Bem ajustado às minhas necessidades	Razoavelmente ajustado às minhas necessidades	Indiferente	Mal ajustado às minhas necessidades	Muito mal ajustado às minhas necessidades

7. DESAJUSTE SOCIAL E PLANOS PARA O FUTURO

a) Como está o seu nível de preocupação em relação às suas despesas pessoais ou familiares?

Nenhuma preocupação	Baixa preocupação	Indiferente	Alta preocupação	Muito alta preocupação

b) Você está satisfeito com o tempo dedicado à família?

Nenhuma preocupação	Baixa preocupação	Indiferente	Alta preocupação	Muito alta preocupação

SITUAÇÕES E MÉTODOS DE LNT

Formulário 3 • Exemplo de survey (Página 6)

Pesquisa sobre a Intenção de Permanência

c) Quantas ocupações você teve nos últimos 5 anos?

Apenas aqui	2 empregos	3 empregos	4 empregos	5 ou mais

d) Você pensa em desenvolver trabalho autônomo ou em seguir carreira autônoma?

Sim	Não	Talvez

8. SENSAÇÃO DE PERDA

a) Você está fazendo algum sacrifício ao trabalhar aqui?

Sim	Não	Talvez

b) Você acha que lá fora você ganharia mais do que ganha aqui?

Sim	Não	Talvez

9. INTENÇÃO DE PERMANÊNCIA

a) Você pensa em deixar a empresa?

Sempre	Frequentemente	Às vezes	Raramente	Nunca

b) Quanto tempo você pensa em continuar trabalhando na empresa?

Não sei	Menos de 1 ano	Entre 1 ano e 2 anos	Entre 2 e 3 anos	Até 5 anos	Não penso em deixar a empresa

c) Como você se sente com a ideia de trocar de emprego ou trabalho?

Não me agrada	Acho necessário de vez em quando	Me agrada	Me agrada muito

A pesquisa de intenção de permanência não teve por objetivo uma intervenção, mas apenas o de prover informações que subsidiassem análises similares nas organizações sobre os aspectos que mais influenciavam, na época da pesquisa, a decisão de querer deixar a empresa. Após a coleta e a tabulação dos dados, eles foram inseridos no SPSS e analisados por meio de estatística descritiva simples, com cálculo de médias e correlação. O fato curioso desse trabalho, o que pode ser denominado de achado de pesquisa, é que um dos elementos que mais influenciam para o crescimento do desejo de deixar a empresa não havia sido considerado em discussões subjetivas[13]. Fatos como esses justificam a aplicação de métodos quantitativos estruturados, pois além de ajudar a identificar elementos relevantes, a metodologia mensura o grau de concordância com cada um dos aspectos que provoca o fenômeno. Isso permite desenhar uma ação mais focada, e porque não dizer "cirúrgica".

Se o propósito dessa pesquisa tivesse sido a intervenção, então o RH deveria trabalhar as questões de alto grau de correlação com a intenção de permanência. No caso, seria trabalhar para aumentar o quesito Identificação e Significado com o trabalho e com a empresa, por meio de comunicação e reforço desses valores.

DESENVOLVIMENTO DE LIDERANÇAS E EQUIPES: GRUPO FOCAL

Uma das situações típicas que podem desencadear ações de treinamento e desenvolvimento é a necessidade de melhorar o desempenho de líderes e também de equipes. As indicações sobre a necessidade desse tipo de aprendizagem normalmente acontecem por meio de relatos recorrentes de liderados ou dos próprios líderes sobre as dificuldades de lidar com situações do dia a dia. O ambiente organizacional não é estático, mas dinâmico. As mudanças no contexto do trabalho e no perfil das pessoas acarretam reações, atitudes e comportamentos novos e inesperados. Os recursos usados no passado para a gestão de pessoas não funcionam mais. O centro do poder mudou e ficou mais distribuído e difuso. A tecnologia impõe aprendizado contínuo e seu domínio acaba sendo um fator decisivo para o sucesso no trabalho. As incertezas do mercado tornam a necessidade de

---

[13] A pesquisa demonstrou uma força bastante considerável no quesito Identificação e Significado com a empresa ou com o trabalho, para que o empregado queira permanecer na organização em que trabalha. Ver Oribe (2013).

adequação de práticas um processo contínuo. Isso muda constantemente, e não há perspectivas de que esse movimento vá desacelerar.

A percepção da atuação das lideranças e do desempenho de uma equipe consiste na observação subjetiva, acumulada e decorrente do contato contínuo, sobretudo em situações críticas. Então o LNT também deve ser feito da mesma forma, visando obter elementos que possam evidenciar as deficiências e, consequentemente, as lacunas de competência que poderiam ser trabalhadas para aumentar as chances de sucesso dessas pessoas.

Será descrito, como alternativa à tradicional entrevista, o processo de LNT por grupo focal, que é um grupo de pessoas que foram escolhidas para o propósito de obter informações ou percepções acerca de temas predefinidos. É uma técnica muito empregada em pesquisas de marketing para analisar produtos, embalagens, peças publicitárias, serviços e outros.

Para o LNT, a técnica consiste em ouvir o próprio público-alvo do programa de desenvolvimento em sessões nas quais serão expostos à situação real ou futura, para que eles mesmos reflitam e indiquem soluções. A Figura 16 apresenta a sequência de atividades que compõem uma sessão de grupo focal:

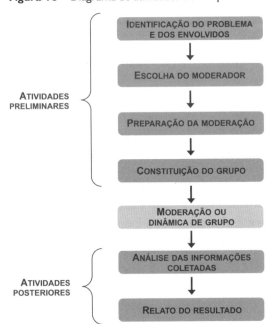

Figura 16 • Diagrama de atividades do Grupo Focal.

1. **Identificação do problema e dos envolvidos**

   O problema pode ser levantado por meio de observação, relatos em reuniões, conversas informais, entrevistas de desligamento, pesquisas de clima e outros contatos, para decisão de uma análise mais profunda. Deve ser indicado um profissional de RH para se encarregar do trabalho.

2. **Escolha do moderador**

   O moderador é a pessoa que conduzirá a sessão de grupo focal. Pode ser uma pessoa interna ou externa à organização, que conheça o ambiente psicossocial, o problema, as técnicas de condução de grupo e tenha habilidade para trabalhar com pessoas.

   Pode ser um consultor externo experiente. Essa alternativa incorpora as vantagens da imparcialidade e da experiência. A desvantagem é talvez o custo, se houver.

3. **Preparação da moderação (atividade)**

   A preparação envolve a interação sobre a situação e o planejamento da dinâmica. A primeira atividade consiste em se inteirar dos objetivos, da organização e da atividade em si, conhecer o perfil dos participantes, os pontos sensíveis e os riscos de alguma coisa dar errado. Um desvio de finalidade, que eventualmente pode ocorrer, é a transformação da sessão em um muro de lamentações, ou palco de reivindicações. O moderador deve reconduzir o grupo ao propósito do trabalho.

4. **Constituição do grupo**

   Um grupo focal pode ser constituído por cerca de quatro a oito pessoas. Pode ser convocado um grupo maior se, no local, ele puder ser subdividido em grupos menores. O grupo focal pode ser formado por uma amostra do grupo-alvo ou por todo o grupo, divididos em diferentes sessões. A vantagem da amostra é que ela pode ser selecionada, por meio da seleção de pessoas que possuam um perfil construtivo e positivo. A vantagem de fazer com o grupo todo é a abrangência da coleta, a oportunidade de participação unânime e a legitimidade que o resultado certamente terá.

   O grupo deve ser convocado formalmente, explicando os motivos e as eventuais preparações para a sessão. Os participantes devem

SITUAÇÕES E MÉTODOS DE LNT

concordar com a composição do grupo e com os objetivos da atividade e, se possível, fazer uma reflexão prévia sobre o tema.

5. **Moderação ou dinâmica de grupo**

O roteiro básico para a condução de uma sessão de grupo focal, e que pode ser ajustado segundo a realidade do grupo ou do contexto, é:

- Se apresentar e agradecer a presença.
- Relembrar o objetivo do trabalho.
- Apresentar cenários e desafios futuros.
- Dividir em subgrupos, se houver dificuldades de manifestação.
- Provocar a discussão, intercedendo quando necessário.
- Fazer um brainstorming e solicitar a apresentação de ideias sobre competências a desenvolver ou treinamentos a realizar.
- Consolidar e resumir as informações, eliminando ideias menos relevantes.
- Agradecer e encerrar o trabalho.

6. **Análise das informações coletadas**

Reunir e destacar as informações mais enfatizadas, considerando as emoções das pessoas e a influência — positiva ou negativa — de alguns membros sobre outros.

7. **Relato do resultado**

Preparar um relatório com as lacunas de competência e as prescrições dos treinamentos e as informações de definição para composição do plano. Se houver necessidade de um relatório escrito, mencionar o método adotado, a composição do grupo, o local, a data e o horário das sessões.

Citar ainda as informações coletadas (competências ou treinamentos), as ênfases manifestadas ou percebidas e a especificação dos programas de treinamento e desenvolvimento indicados. Finalmente, citar como a avaliação de resultados será feita e os dados que deverão ser usados para comparação antes-depois.

CAPITAL HUMANO

A realização de grupo focal a distância, por meio do emprego de recursos de comunicação, é uma possibilidade para grupos de pessoas que estão fisicamente distantes umas das outras. Uma reunião em teleconferência pode ser feita usando a mesma dinâmica da discussão presencial e, talvez, até com mais vantagens. Além do custo de deslocamento, alimentação ou local, a reunião virtual tende a ser mais focada, mais objetiva e ter menos interrupções nas falas alheias. Dessa forma, ela pode ser mais democrática, pois o tempo para manifestação pode ser mais bem distribuído.

O momento crítico é a sessão de moderação, pois é quando as informações são coletadas. O moderador deve ter bom domínio de dinâmicas de grupo para tirar o maior grau de contribuição possível. Durante o trabalho, é recomendável evitar conflitos e polêmicas, procurando ouvir todas as partes, enfatizar os tópicos alinhados e neutralizar discussões improdutivas e sem relação com o propósito. O moderador deve evitar fazer julgamentos e trabalhar para manter uma atmosfera agradável e inspiradora.

É possível que se constate, após a coleta de ideias, que a quantidade de tópicos identificada é excessiva e, portanto, inviável de ser atendida. Uma quantidade muito grande de temas acaba diluindo o esforço de aprendizado, retira o foco e pode alongar e encarecer o programa de treinamento. É preciso então fazer cortes para manter apenas aquilo que é relevante e viável de ser trabalhado. Por isso, o grupo focal pode ser realizado em combinação com algum outro método de LNT[14]. Uma possibilidade simples e conveniente é usar a pesquisa estimulada, método que será apresentado e descrito mais adiante. Mesmo que a quantidade de itens seja grande, esse instrumento pode lidar com o processo de escolha e culminar com uma relação tão focada quanto seja necessário.

Uma limitação à aplicação do grupo focal é o grau de determinismo do programa. Se o treinamento for uma exigência, como acontecem com atividades regulamentadas pelas Normas do Ministério do Trabalho, então sua realização é compulsória e não há por que discutir sua realização ou conteúdo. No outro extremo, estão as situações com realização aberta, democrática e voluntária. Isso é comum com programas com foco no desenvolvimento humano, em que não há necessidade de uma abordagem quantitativa. Pode-se dizer que, uma vez formatado, o programa foi concebido como uma construção coletiva e, por isso, está naturalmente sustentado de justificativa e legitimidade.

---

[14] Conforme afirma Samuel McClelland, o grupo focal raramente é usado isoladamente, mas sim em conjunção com outros tipos de métodos de coleta de dados, como parte de uma abordagem sistemática para identificar necessidades de treinamento organizacionais. Ver McClelland (1994, p. 29).

DESENVOLVIMENTO DE COMPETÊNCIAS: GAP ANALYSIS

Um modelo de gestão de pessoas, do qual muito se tem falado nos últimos anos, é o baseado no conceito de competências. Inicialmente, o modelo emergiu como uma alternativa para o gerenciamento de recursos humanos. Até então, a mão de obra era vista apenas como um conjunto de habilidades puramente inatas, que deveria ser administrada de forma funcional e autocrática. Em oposição a esse tipo de visão, o modelo de competências enxerga a pessoa como um conjunto mais amplo de elementos, que se combinam para desencadear o desempenho.

Talvez a melhor definição de competência seja a de Scott B. Parry, para quem a competência é: "[...] *uma combinação de conhecimentos, habilidades e atitudes que afeta a maior parte do trabalho de alguém (um papel ou responsabilidade), que se correlaciona com a performance no trabalho, que pode ser mensurado contra padrões bem definidos e que pode ser desenvolvido por meio de treinamento e desenvolvimento*"[15].

Essa definição é bastante esclarecedora e, de certa forma, rica e completa. Ela incorpora a taxonomia de objetivos instrucionais de Bloom, relaciona com o resultado, reconhece o caráter quantitativo e restringe o conceito às competências treináveis. A definição deixa de fora as competências inatas e os traços de personalidade, as avaliações subjetivas e aquelas que, embora existam, não têm a capacidade de produzir um resultado no desempenho no trabalho. Trata-se, portanto, de uma definição que se caracteriza pelo pragmatismo.

A construção de competência, de fato, parece ser como blocos de construção. Embora sejam distintos, na verdade, agem em conjunto para produzir resultados. A Figura 17 — Pirâmide da competência — ilustra essa construção. A base são as competências que sustentam o resultado. Mas os resultados só podem ser obtidos se houver condições que favoreçam a aplicação para a resolução de problemas e aproveitamento de oportunidades.

---

[15] Ver Parry (1996) apud Lucia e Lepsinger (1999, p. 5).

Figura 17 • Pirâmide da competência.

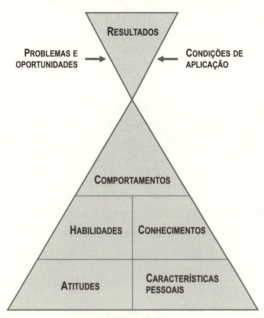

As características inatas, ou traços pessoais, estão em uma categoria que complementa o modelo da pirâmide de competências mostrada. Essa categoria faz parte das competências, embora haja uma discussão se elas podem ou não ser desenvolvidas, mesmo sendo possível mensurá-las[16]. Independentemente dessa questão polêmica, quando o autor afirma que a competência pode ser desenvolvida por meio de treinamento e desenvolvimento, ele confirma que os modelos de competência podem ser utilizados como instrumento de LNT.

Existem abordagens diferentes para trabalhar competências[17]. Algumas são mais simples e se concentram em poucos elementos. Outras são mais estruturadas

---

[16] Citando os autores Zemke e Kramlinger (1982), Lucia e Lepsinger afirmam que há uma corrente crescente de opiniões que defendem que as características inatas podem ser modificadas e desenvolvidas. Ver Lucia e Lepsinger (1999, p. 6).

[17] Capano e Steffen identificaram quatro abordagens para modelos baseados em competências: a) baseado na classificação de postos de trabalho ou empregos; b) baseado nos métodos de classificação por critérios, ou na análise do trabalho (*job evaluation*, nos Estados Unidos, ou ergonomia, na França) iniciada nos anos 1930; c) corresponde aos enfoques por competências, que teve a sua origem nos primórdios dos anos 1950–1970, graças aos testes de aptidões e capacidades da então chamada psicologia industrial; e d) relativa aos métodos que combinam empregos (postos de trabalho), competências e pessoas. Ver Capano e Steffen (2012, p. 46).

e constituem um repertório amplo e completo. Algumas abordagens são funcionais, enquanto outras têm um viés abstrato e humanizado. Existem modelos fechados e também modelos abertos, para adaptação no contexto de aplicação. Também há modelos que caracterizam a competência como um atributo de entrada ou acesso ao cargo. Já outra abordagem considera a competência como uma saída, na forma de desempenho ou cumprimento de metas. Há modelos de competências para as necessidades atuais, mas também para as necessidades futuras. Quanto à forma de avaliação, elas podem ser de natureza qualitativas. A maioria, no entanto, se baseia em métodos quantitativos. Enfim, há uma pletora de abordagens e modelos. Por isso a gestão de competências inicia por um processo de escolha, que inclui análise do contexto, das famílias profissionais e dos modelos existentes. O resultado, do processo de escolha, é a adoção de um modelo pronto ou a construção de um modelo particular, alinhado à cultura organizacional, aos propósitos do programa e aos recursos disponíveis para investir num processo de implantação e gestão.

Será apresentado a seguir um modelo normativo que tem a descrição de cargos como instrumento para a definição das competências mínimas de cada posto de trabalho[18]. O modelo, denominado Gap Analysis, foi desenvolvido no início dos anos 2000 e sua metodologia foi premiada com o Prêmio Ser Humano — As Melhores Práticas de Gestão de Pessoas da ABRH-MG em 2002.

Esse modelo tem as seguintes características:

▷ usa a Descrição de Cargo como referência para as competências necessárias;

▷ considera tanto as competências de entrada (acesso) quanto as de saída (desempenho);

▷ é estruturado, ou seja, possui uma construção sofisticada;

▷ é quantitativo;

▷ é usado para análise individual de cada empregado.

A descrição de cargo (*job description* e *job specification*) é um dos principais resultados da análise do trabalho, além de ser também um instrumento usado para o recrutamento e seleção, o treinamento e desenvolvimento e a gestão de

---

[18] Segundo Cooper, o *job description* é a fonte óbvia para servir como entrada para as competências. No Brasil o termo é conhecido como Descrição de Cargos. Ver Cooper (2000, p. 85).

CAPITAL HUMANO

desempenho[19]. Como toda abordagem, essa tem vantagens e desvantagens que serão listadas abaixo.

Vantagens desse modelo:

▷ permite correlacionar em que grau o cumprimento dos requisitos de competência aumenta o desempenho;

▷ permite evidenciar se a pessoa está além das competências exigidas, se for o caso;

▷ permite uma ampla análise da situação da pessoa diante dos requisitos;

▷ é sistemático, o que facilita a replicação para múltiplos grupos por múltiplos analistas;

▷ tem níveis de cumprimento relativo em cada posição; isso significa que ter baixo domínio de uma competência pode até ser adequado, dependendo da posição em que a pessoa trabalha.

Requisitos para aplicação:

▷ as descrições de cargo devem estar completas e atualizadas;

▷ mais adequado a famílias profissionais com amplos requisitos de competência, como técnicos e analistas;

▷ aplicável a contextos do trabalho mais estáticos, ou que não sejam excessivamente dinâmicos;

▷ é preciso ter boa disponibilidade de tempo para avaliações apro-fundadas.

---

[19] Ver Dubois e Rothwell, 2004, p. 6.

Figura 18 • Diagrama esquemático do modelo de LNT por competências.

O Gap Analysis é apresentado no Formulário 4. O LNT é obtido pela dedução das deficiências apontadas na análise, inseridas no campo Descrição do Gap.

Antes de utilizar o gap analysis é recomendável:

- analisar e se certificar da adequação e dos potenciais resultados;
- escolher as famílias profissionais que deverão passar pelo processo;
- garantir a atualização e a completude das descrições de cargo;
- obter apoio da liderança.

Formulário 4 • Gap Analysis (exemplo preenchido – página 1)

GAP Analysis

qualypro		Analista:	Data
		Joana Nobre	*17/05/2019*

Título do cargo:		**Função desempenhada:**	
GERENTE DE PRODUÇÃO		**GERENCIAMENTO DA MONTAGEM DE PEÇAS**	

Área / Setor:	**Subordinação:**	**Gerência:**	**Local onde as tarefas são realizadas**
Produção	Diretor Industrial	Encarregados de Linha	Escritório e todo o galpão

TAREFAS / ATRIBUIÇÕES

Sumário:
Direcionar as atividades na Montagem de Peças, envolvendo o suprimento, controle de estoque e distribuição para o cliente, de desenvolvimento/modificação de peças, atualização de desenhos, etc., distribuindo, orientando e acompanhando as tarefas para atender as necessidades de cada cliente.

Descrição Detalhada:	Importância	Performance	GAP	Descrição do Gap/Ações recomendadas	CHA
1. Participar de reuniões diárias de programação da produção para a área, discutindo o andamento dos trabalhos e cumprimento do programa estabelecido, a fim de fazer a correção dos possíveis desvios.	4	4	0	—	–
2. Gerenciar, acompanhar e orientar o andamento diário da fabricação, por meio de relatórios, visando assegurar que o trabalho ocorra dentro dos padrões de eficiência, segurança, qualidade e produtividade esperados.	4	5	0	—	–
3. Participar da elaboração e da atualização dos documentos do Sistema da Qualidade inerentes à sua área de atuação, visando mantê-los capacitados para as operações da área.	3	2	1	*As evidências de treinamento não estão 100% confiáveis; não sabe realizar a tarefa.*	H
4. Providenciar e acompanhar as atividades de manutenção de máquinas, equipamentos e instalações de sua área, a fim de assegurar o funcionamento adequado do setor;	3	3	0	—	–
5. Monitorar a assiduidade, a pontualidade e o comportamento da equipe, efetuando anotações pertinentes, a fim de informar dados para a folha de pagamento, orientar processos de promoção e/ou eventuais sanções.	3	1	2	*Treinamento de Gerenciamento Básico.*	H
6. Zelar pela manutenção das condições de higiene e segurança na área fomentando a limpeza das máquinas, dos equipamentos e das ferramentas de seu uso, utilização dos EPIs e observação das demais normas de segurança no trabalho e no meio ambiente.	4	2	2	*Participar de palestra de reciclagem de conceitos ou treinamento em normas de segurança e meio ambiente.*	C

Importância: valores de 1 a 4   Performance: valores de 1 a 5   GAP: Importância – Performance (se negativo, adotar 0)

SITUAÇÕES E MÉTODOS DE LNT **109**

Formulário 4 • Gap Analysis (exemplo preenchido – página 2)

qualypro — GAP Analysis

	Analista:	Data
	Joana Nobre	17/05/2019

Descrição	Importância	Performance	GAP	Descrição do GAP/Ação recomendada	CHA
7. Participar e incentivar a participação de sua equipe nos programas de qualidade (5S, GMC, TPM, Gestão à Vista), de forma a contribuir para a melhoria contínua em sua área.	3	2	1	Não considerado significativo no momento	-
8. Manter-se atualizado sobre avanços tecnológicos, de modo a aprimorar sua experiência, repassar conhecimentos para sua equipe, sugerir modificações nos equipamentos e nos processos produtivos.	3	2	1	Participar da Próxima Feira Nacional de Metal Mecânica em São Paulo	C
9. Verificar os relatórios de controle da produção diária, acompanhando o desenvolvimento das atividades e, assegurando o abastecimento de peças.	4	4	0	—	-
AVALIAÇÃO NA EXECUÇÃO DE TAREFAS	**31**	**25**	**7**		

REQUISITOS BÁSICOS

Descrição Detalhada:	Importância	Performance	GAP	Descrição do GAP/Ação recomendada	CHA
Escolaridade: ✓ Ensino Superior Completo Engenheiro Mecânico ou Metalurgista	Formado 4	Formado 4	0	—	-
Experiência: ✓ 5 anos na área.	5 anos 3	8 anos 3	0	—	-
Conhecimentos específicos / cursos:					
1. Conhecimento de informática com ênfase em editor de textos, planilhas eletrônicas, correio eletrônico.	4	4	0	—	-
2. Conhecimento, leitura e interpretação de desenho mecânico.	4	4	0	—	-
3. Conhecimento de cálculos de custos.	2	2	4	Treinamento em custos industriais.	C
4. Planejamento e controle de produção.	4	3	1	Orientações com pessoal do PCP	C

Importância: valores de 1 a 5   Performance: valores de 1 a 4   GAP: Importância – Performance (se negativo, adotar 0)

◣ qualypro	GAP Analysis	Analista: *Joana Nobre*	Data *17/05/2019*

	Importância	Performance	GAP	Descrição do GAP/Ação recomendada	CHA
5. Software aplicativo de MRP da empresa	4	3	1	*Aprender sistema de controle da produção*	H
6. Conhecimento dos processos da área.	3	3	0	—	-
AVALIAÇÃO REQUISITOS BÁSICOS	28	26	6		

PROCEDIMENTOS E INSTRUÇÕES DE TRABALHO					
Descrição Detalhada:	**Importância**	**Performance**	**GAP**	**Descrição do GAP/Ação recomendada**	**CHA**
PR-09 – Produção de peças	4	5	0	—	-
IT 09.01, 09.02, 09.03, 09.04, 09.06, 09.10, 09.15 e 09.21	4	3	1	*Não foi treinado nas IT 09.15 e 09.21*	C
AVALIAÇÃO PROCEDIMENTOS E IT	8	8	1		

REQUISITOS DESEJÁVEIS					
Descrição Detalhada:	**Importância**	**Performance**	**GAP**	**Descrição do GAP/Ação recomendada**	**CHA**
1. Capacidade de liderança.	4	5	0	—	✓
2. Capacidade de tomar decisões.	4	2	2	*A ser aperfeiçoado no Treinamento Gerenciamento Básico.*	H
3. Relacionamento interpessoal.	3	3	0	—	✓
4. Capacidade de trabalhar sob pressão.	4	4	0	—	✓
5. Trabalho em equipe.	4	5	0	—	✓

Importância: valores de 1 a 4   Performance: valores de 1 a 5   GAP: Importância – Performance (se negativo, adotar 0)

SITUAÇÕES E MÉTODOS DE LNT

111

▶ qualypro	GAP Analysis			Analista: *Joana Nobre*	Data *17/05/2019*

6. Organização.	4	2	2	*Reunião de follow-up como pessoal do programa 5S.*	*A*
7. Comunicação verbal e escrita.	3	3	0	—	✓
8. Iniciativa.	3	1	2	*A ser aperfeiçoado no Treinamento Gerenciamento Básico.*	*H*
AVALIAÇÃO REQUISITOS DESEJÁVEIS	29	25	6		

Descrição Detalhada:	Importância	Performance	GAP	Níveis de atendimento	
Avaliação Global	*96*	*84*	*20*	Performance: *87,5%*	Gap: *21%*
	Ação recomendada →			*Programar os treinamentos para este ano.*	

Competências existentes e não exigidas pela função:

É músico e toca violão e teclado.

Aspectos comportamentais relevantes que estejam aumentando ou diminuindo o desempenho:

Bastante motivado a crescer e se desenvolver.

Importância: valores de 1 a 4   Performance: valores de 1 a 5   GAP: Importância – Performance (se negativo, adotar 0)

Para aplicar o gap analysis, a equipe de RH deve preparar um formulário para cada pessoa a ser avaliada, com as informações de suas descrições de cargo, e agendar entrevistas com os líderes do grupo-alvo, a fim de coletar e avaliar as competências de cada avaliado.

A análise de competências consiste na indagação acerca dos requisitos inseridos no gap analysis, conforme as seguintes instruções:

1. **Apresentação e orientação**

   Apresentar ao entrevistado o propósito, os conceitos envolvidos e o instrumento a ser utilizado, seus campos e a dinâmica do processo. É importante fornecer uma previsão de duração para cada funcionário avaliado (45 a 90 minutos).

2. **Análise do trabalho — pontuação: Importância**

   Pontuar a coluna de Importância, com notas de 1 a 4, do menos importante para o mais importante, refletindo apenas sobre a função exercida, jamais sobre o indivíduo que ocupa o cargo; a nota de importância é o grau de relevância daquele requisito, na posição na qual o empregado trabalha; essa importância pode ser maior em outra função, cargo ou posição;

3. **Análise do funcionário — pontuação: Performance**

   Pontuar a coluna de Performance, com notas de 1 a 5, segundo o grau de cumprimento de cada requisito, indagando cada um deles e usando os seguintes critérios:

   - se o ocupante atende bem o requisito, repetir a mesma nota dada na Importância;

   - se o ocupante não atende o requisito, atribuir uma nota inferior à nota da Importância, segundo o grau de deficiência: quanto maior for a deficiência, menor deverá ser a nota de Performance em relação à nota atribuída anteriormente à Importância;

   - se o ocupante supera o domínio mínimo exigido no requisito de competência, atribuir uma nota de Performance superior à nota atribuída anteriormente à Importância, segundo o grau de superioridade.

4. **Cálculo dos gaps de competência**

Calcular os gaps, subtraindo a nota da Importância pela nota da Performance; se o ocupante possuir domínio superior ao requisito mínimo, definido pela Importância, então a subtração seria negativa (-1, -2 etc.); nesse caso, o valor atribuído ao gap deverá ser zero, pois ninguém "devolve" uma competência que possui em excesso. Ver exemplo na Tabela 1 — Exemplo de cálculo de gap, a seguir:

Tabela 1 • Exemplo de cálculo de gap.

Requisito	Importância	Performance	Gap	
Requisito 1	3	3	0	3 - 3
Requisito 2	4	2	2	4 - 2
Requisito 3	4	5	0	4 - 5 (negativo é zero)

5. **Identificar o gap**

Se houver gap, ou seja, se o seu valor for maior que zero, então o entrevistador deverá indagar o entrevistado sobre sua natureza ou que tipo de competência poderia ser trabalhada para que o gap seja reduzido.

6. **Classificar o gap**

Depois de descrever o gap, esse deve ser classificado segundo sua natureza:

- C: conhecimento
- H: habilidade
- A: atitude
- E: experiência (conhecimento tácito)
- Ap: aptidão, também pode ser usado eventualmente, caso necessário

Tabela 2 • Exemplo de descrição de gap.

Requisito	Importância	Performance	Gap	Descrição do gap	
Requisito 1	3	3	0	—	—
Requisito 2	4	2	2	Trabalho em equipe	H
Requisito 3	4	5	0	—	—

7. Calcular os indicadores de competência

Totalizar as categorias de competência e a pontuação final na última página. Todas as informações ali coletadas devem ser transferidas para uma planilha ou formulário à parte, para consolidação de todos os gaps de cada indivíduo na organização.

A título de orientação complementar, ao indagar o entrevistado sobre a performance do ocupante em cada requisito, o entrevistador deve perguntar: "Requisito tal: atende, não atende, ou supera?". Se o ocupante não atende, a próxima pergunta é: "Quanto ele não atende: muito ou pouco?". Dependendo da resposta, atribui-se uma nota de grau inferior na Performance. Já quando a situação for o contrário, se houver pontos em que o ocupante possui um domínio muito superior (existem funcionários que são professores fora do expediente, por exemplo) então as notas de Performance serão superiores nos requisitos que ele possuir um domínio distinto. É por isso que a escala de Performance é maior do que a escala de Importância.

Após as entrevistas, as descrições de gaps e suas categorias, juntamente com os dados do ocupante, devem ser transferidas para uma planilha, na qual o RH deverá consolidar os dados do público-alvo para planejar ações de treinamento e aprendizagem comuns.

Quadro 12 • Exemplo de planilha de consolidação dos gaps.

Nome	Cargo	Área	Importância	Gap	Categoria	Descrição do gap	CHAE

Espera-se, ao final do processo, que essa planilha contenha todos os gaps de competência do grupo avaliado, que poderá ser manuseada para extrair agrupamentos de gaps comuns, para planejamento de ações de treinamento e aprendizagem.

Os agrupamentos de gaps podem ser, por exemplo, por:

▷ nível de cargo;

▷ cargos semelhantes;

▷ gaps semelhantes;

▷ categoria;

▷ pessoa (construção de um PDI — plano de desenvolvimento individual).

Como todo processo estruturado, esse também tem cuidados que precisam ser tomados para que seja bem-sucedido. Recomenda-se fazer entrevistas experimentais e validar o processo de coleta, antes de uma aplicação extensiva.

Quanto à avaliação de resultados, após um período de desenvolvimento, ela é feita por meio da reavaliação dos pontos anteriormente atribuídos. Parece conveniente que a nova reavaliação de competências aconteça um ano após a anterior, dado o caráter de longo prazo do desenvolvimento de competências.

Essa abordagem, focada em competências, bem como toda a metodologia associada, confere ao processo de desenvolvimento de pessoas uma penetração ímpar, com potencial para analisar e dar feedback abrangente a cada indivíduo. Todo o esforço empreendido tem alto potencial de conversão em mais competência e mais desempenho no trabalho, desde que os envolvidos se engajem na obtenção de uma avaliação fidedigna e no desenvolvimento humano.

HABILIDADES TÉCNICAS/FUNCIONAIS: MATRIZ DE HABILIDADES

As habilidades estão inseridas nas categorias mais importantes de competências. São elas que, uma vez dominadas, transformam o conhecimento em satisfação. No lar, nas escolas, no trabalho, no lazer, enfim, na vida social, a todo o momento nos deparamos com pessoas que realizam excepcionalmente bem alguma tarefa. Pessoas que possuem habilidades desenvolvidas e distintas são altamente valorizadas no mercado. No outro extremo, estão os aspirantes aos postos de trabalho, alguns recém-egressos da universidade e que, embora possuam seus diplomas, têm dificuldade para realizar tarefas comuns, como redigir uma correspondência sem cometer erros de gramática, ortografia e estilo. Esse é apenas um exemplo, mas em todas as atividades, em qualquer situação, existem tarefas que dependem de um grau minimamente razoável de habilidade para serem executadas.

As habilidades se manifestam por meio do sistema sensorial, do psicomotor e da fala. O cérebro e os membros, eventualmente, assim como a fala e os órgãos dos sentidos, trabalham juntos e em sincronismo para realizar algo concreto e, às vezes, extraordinário. Já a falta de habilidades apropriadas, e no grau necessário, pode provocar resultados desastrosos e até catastróficos, sobretudo quando o ocupante da função possui a ilusão de ter a habilidade que é imprescindível para a execução de uma determinada tarefa[20].

Entre esses dois extremos, o do novato que ainda não sabe fazer, e do especialista que faz com "os pés nas costas", há um longo caminho a ser percorrido. Quanto mais habilidades a pessoa tiver, mais flexível será e terá mais chances ao disputar melhor remuneração, melhores oportunidades e outras condições de trabalho. Do lado da organização, a existência de pessoas preparadas para fazer todo tipo de trabalho é essencial para se ajustar às flutuações de demanda e mão de obra. Por isso é necessário habilitá-las continuamente. A habilidade é a competência do "saber fazer". São as realizações que, se forem praticadas, a pessoa se aperfeiçoa ao ponto de atingir um desempenho satisfatório ou destacável. Desde que se caracterize por um desempenho distinto, uma habilidade pode se manifestar de algumas formas, como mostra o Quadro 13, por exemplo.

Quadro 13 • Exemplos de habilidades.

Habilidades	Exemplos
Uma atividade	Fazer pizzas
Uma máquina	Operar uma empilhadeira
Uma ferramenta	Manusear malabares
Um método	Resolver problemas usando MASP
Uma técnica	Negociar com sindicatos

As tarefas simples, que são aprendidas muito rapidamente, não são habilidades; e, mesmo que executadas com frequência, o resultado não evolui com o tempo. Exemplos:

- ▷ enviar uma mensagem que já foi redigida previamente;
- ▷ entregar um pacote;
- ▷ fechar o escritório no fim do expediente;
- ▷ outras tarefas muito simples, cujas qualidades não se destacam com o tempo ou de pessoa para pessoa.

---

[20] A ilusão da habilidade, ou superioridade ilusória, é também denominada de efeito Dunning-Kruger. Trata-se de um fenômeno comportamental que leva indivíduos, que possuem pouco conhecimento ou habilidade sobre um tema, a acreditar os possuírem além daqueles que são efetivamente mais bem preparados, levando-os a tomar decisões erradas e, consequentemente, a resultados indesejados. Isso costuma ocorrer devido à falta de autoconsciência que os impede de avaliar com precisão suas habilidades. Ver *Psychology Today* (2020).

Existe, portanto, uma relação estreita entre habilidade e os efeitos sobre a produtividade, a qualidade e o custo. Além disso, há outro argumento, ainda mais relevante, para dar muita atenção ao desenvolvimento de habilidades: o mundo corporativo, sobretudo o do segmento de tecnologia, tem dado mais prioridade às habilidades dos profissionais do que suas formações ou seus diplomas[21]. Isso, por si só, justifica um esforço adicional para tratar esse tema com prioridade.

O caminho para o aprimoramento das habilidades pode ser planejado por uma técnica e instrumentos preparados especificamente para a área ou a atividade na qual o ocupante do cargo está posicionado, mesmo que temporariamente. A verificação do grau de domínio da habilidade é feita pela observação da realização da tarefa ou pela análise do resultado final do trabalho, por um ou mais observadores, que podem ser:

- ▷ Líder imediato
- ▷ Especialistas
- ▷ Auditores ou Avaliadores independentes
- ▷ Colegas de trabalho
- ▷ Clientes
- ▷ Fornecedores de tecnologia

A matriz de habilidades é um instrumento simples, prático e consagrado para a gestão de habilidades de equipes. Trata-se de uma tabela, com linhas e colunas, para cruzamento entre as pessoas e as habilidades que deveriam ser dominadas em uma determinada área ou divisão (Figura 19).

No cruzamento entre pessoas e habilidades devem ser inseridos códigos de uma simbologia para qualificar o grau de habilidade/proficiência na atividade. Essa qualificação é feita por observação da pessoa no local de trabalho.

A simbologia pode incluir, por exemplo:

- ▷ não se aplica/não necessário;
- ▷ em processo de aprendizagem;
- ▷ domínio completo para executar;
- ▷ capacidade de ensinar;
- ▷ capacidade de melhorar;

---

[21] Ver *Ethisphere Magazine* (2019).

Quadro 14 • Esquema básico da matriz de habilidades.

	Habilidade 1	Habilidade 2	Habilidade 3
Funcionário 1	⬧	⬧	⬧
Funcionário 2	—	⬧	—
Funcionário 3	⬧	—	⬧

Uma escala contínua também poderia ser usada, para caracterizar diferentes graus de proficiência como, por exemplo: Básico, Intermediário e Avançado, ou Júnior, Pleno e Sênior etc.

Nos indicadores, à direita e abaixo, são computados as quantidades de habilidades requeridas, as habilidades efetivamente dominadas e os indicadores percentuais de atendimento, cujo máximo é 100% do exigido. Para estimular o aprendizado de sua equipe, o líder pode dar continuidade ao aprendizado inserindo mais X, o que corresponde à classificação "A Habilitar", naquelas Habilidades que precisam de maior cobertura ou redundância. O mesmo pode ser feito nas linhas das pessoas, para que elas cresçam e se desenvolvam.

É importante ressaltar o motivo da adoção do termo Habilitação no lugar de Treinamento. Embora seja comum o emprego da denominação Treinamento, para esse tipo de ação de aprendizagem no trabalho, o mais correto seria utilizar outro termo que pudesse ter uma caracterização típica. O Treinamento remete a um tipo de evento de caráter mais formal, o que não é o caso aqui. O termo Instrução também seria adequado em uma matriz de habilidades[22].

---

[22] Em todas as tipologias de abrangência de objetivos de aprendizagem, estudados por Vargas e Abbad, a instrução aparece em uma categoria inferior ao treinamento. A proposta desses autores consiste no seguinte ordenamento: Informação, Instrução, Treinamento Desenvolvimento e Educação. O roteiro usado em processos de instrução, descrito por esses autores, é tipicamente a instrução de trabalho — IT, procedimento operacional padrão — POP ou documento similar. Ver Vargas e Abbad (2006, p. 144–145).

SITUAÇÕES E MÉTODOS DE LNT

Figura 19 • Exemplo de LNT com Matriz de Habilidades.

qualypro		Matriz de Habilidades													Flexibilidade Individual	Indicador Individual	Índice de Flexibilidade da Equipe
Analista de Treinamento:			Atividades / Técnicas / Métodos / Ferramentas / Produtos / Serviços															
ÁREA / DEPARTAMENTO			Habilidade 1	Habilidade 2	Habilidade 3	Habilidade 4	Habilidade 5	Habilidade 6	Habilidade 7	:							
LÍDER																	
DATA DE ATUALIZAÇÃO																	
CARGO	No.	NOME	Proficiência												Exig.	Realiz	
		Funcionário 1	OK	—	—	—	—	—	—						1	1	☺
		Funcionário 2	—	X	X	OK	OK	—	—						4	2	☺
		Funcionário 3	OK	—	X	—	—	X	X						4	1	☹
		Funcionário 4	—	OK	—	—	—	I	—						2	2	☺
		Funcionário 5	—	OK		OK	OK	—	—						3	3	☺
		Funcionário 6	OK	—	X	OK	OK	—	X						5	3	☺
		Funcionário 7	I	—	—	I	I	—	—						3	3	☺
Nível de cobertura da operação		Exigido →	4	3	2	4	4	2	2								
		Realizado →	4	2	0	4	4	1	0								
		A Habilitar →	0	1	2	0	0	1	2								
Situação da operação / atividade			☺	☺	☹	☺	☺	☺	☹								
Índice de Cobertura dos Processos			71%														

68%

Proficiência — Legenda
— Não se aplica
X : Em habilitação
Ok: Habilitado
I: Instrutor

O Apêndice B — Diferença entre Treinamento e Instrução — apresenta a diferença entre esses dois tipos de atividades de aprendizado. Essa diferenciação não é apenas importante do ponto de vista conceitual. Ela é útil para que se defina os processos e a formalização adequados a cada tipo.

O LNT na matriz de habilidades está no campo, logo abaixo, no qual está escrito "A Habilitar →". São essas atividades que precisam de pessoas capacitadas. As pessoas a habilitar são aquelas marcadas com X.

A matriz de habilidades tem uma característica interessante. Ela se aplica muito bem a dois tipos de público, aparentemente distintos: pessoal operacional, como trabalhadores de linhas de produção, e pessoal altamente qualificado, como técnicos de informática, consultores, professores, enfermeiros, técnicos de laboratório etc. Ambos os grupos precisam dominar certos tipos de atividades para executar seu trabalho no dia a dia. Por isso, a matriz de habilidades é o instrumento perfeito, pois pode gerenciar um grupo inteiro em um instrumento de tamanho reduzido e, eventualmente, em uma única folha de papel.

120   CAPITAL HUMANO

No entanto, para funcionar bem, a matriz deve ser utilizada tomando-se algumas precauções:

a. deve ser preenchida pelo próprio líder da equipe;

b. deve ser atualizada regularmente, de acordo com a movimentação de pessoas;

c. deve refletir a real situação das pessoas e suas habilidades;

d. deve ser utilizada para aumentar progressivamente a flexibilidade da equipe e o nível de cobertura das atividades da área.

O compartilhamento da matriz com a equipe é altamente desejável. Porém, o pressuposto disso é que ela sirva como um instrumento de gestão, que estimule o desenvolvimento, nunca como instrumento para alimentar desmotivação ou conflitos.

As empresas costumam usar listas de presença como registro de participação em treinamentos. A não ser que haja um regulamento interno ou externo impositivo, no caso de instruções, isso pode ser feito apenas usando a marcação na matriz, sem assinaturas ou datas. O que se deseja é que o empregado seja capaz de executar a atividade de forma efetiva. Papéis ou assinaturas são detalhes burocráticos secundários. Eles não substituem a conclusão da liderança sobre o desempenho do próprio funcionário, mesmo que apontado de forma singela. Os procedimentos de avaliação de eficácia de treinamentos, normalmente apoiados por procedimentos e formulários, são pouco práticos para a Instrução. Instruções acontecem o tempo todo. Por isso precisam de avaliações simples e descomplicadas.

Habilidades podem ser comprovadas durante ou após a realização de uma tarefa. Se toda a habilidade da pessoa pudesse ser evidenciada no produto ou no efeito, então não seria preciso acompanhar a realização. Exemplo disso é o processo de soldagem, cuja qualidade pode ser verificada por meio da análise em laboratório de uma peça soldada pelo funcionário que está sendo avaliado. Porém, se o resultado final não contiver os atributos que evidenciem a habilidade, então ela precisa ser atestada durante a realização da tarefa. Esse é o caso dos exames de rua para tirar carteira nacional de habilitação — a CNH.

As avaliações de resultado em instruções podem ser feitas por observação não estruturada. Isso significa que nenhum formulário seria empregado, mas apenas a observação atenta e crítica da liderança, tendo como referência o procedimento padrão para execução correta da atividade. O resultado da eficácia da instrução será registrado na própria matriz, a partir do momento em que o X é substituído pelo OK no cruzamento entre o nome e a atividade em que ele foi habilitado. Por isso a matriz deve ser tratada e preenchida com cuidado e critério para não refletir uma situação irreal. É comum o pessoal do RH argumentar que esse tipo de registro não é aceito pelos auditores de gestão da qualidade, sejam internos ou dos Organismos de Certificação de Sistemas — OCSs[23]. É preciso lembrar aos auditores que as normas de gestão da qualidade, salvo alguma exceção, não exigem o registro da avaliação de eficácia, mas apenas o registro da competência adquirida. Além do mais, o formato do registro é uma decisão da organização. Auditores de sistemas de gestão, internos ou externos, não podem criar critérios durante a realização de uma auditoria[24].

Ainda sobre auditoria, a matriz de habilidades é um excelente instrumento para verificação da gestão da habilidade dos funcionários. Essa auditoria deve ser feita in loco, com a matriz em mãos, observando algumas pessoas para avaliar sua consistência e os resultados efetivos nos resultados operacionais.

MELHORIA DO DESEMPENHO: AVALIAÇÃO DE DESEMPENHO

Quando se fala em desempenho em recursos humanos, isso remete quase sempre ao contexto de indivíduos. Pessoas desenvolvem atividades e os resultados demonstram a forma como foram realizadas, em termos de eficiência e eficácia. Se houver evidências suficientes, a avaliação tem como objetivo trazer o resultado para níveis mais próximos do desejado ou potencializá-lo ainda mais. Tradicionalmente, esse resultado que foi referido anteriormente tem mais características de eficiência do que propriamente de eficácia. Isso se deve ao fato de que a eficácia tem um viés organizacional e seu resultado depende de uma série de outros indivíduos, setores, departamentos, mercado e até de sorte.

---

[23] Os OCSs são entidades credenciadas pelo Inmetro para certificar sistemas de gestão, normalmente baseados nas normas ABNT NBR ISO 9001, ABNT NBR ISO 14.001, ABNT NBR ISO 45.001 e ABNT NBR ISO 51.001.

[24] A não necessidade de manutenção de registros de avaliação de eficácia de treinamentos já foi discutida no Comitê de Interpretação do TC-176 da ISO no ano 2001, quando a ISO 9001:2000 foi publicada. Essa indagação foi apresentada ao Comitê, que respondeu que NÃO é exigida a manutenção de registros de avaliação de eficácia de treinamentos e que cabe à organização decidir quais registros deve usar, podendo ela fazê-lo apenas se considerar necessário.

CAPITAL HUMANO

O desempenho é a interação entre as aptidões ou as habilidades específicas intrínsecas e o treinamento ou Aprendizagem quando um conhecimento ou habilidade foram desenvolvidos de forma extrínseca[25].

Figura 20 • Composição do desempenho individual.

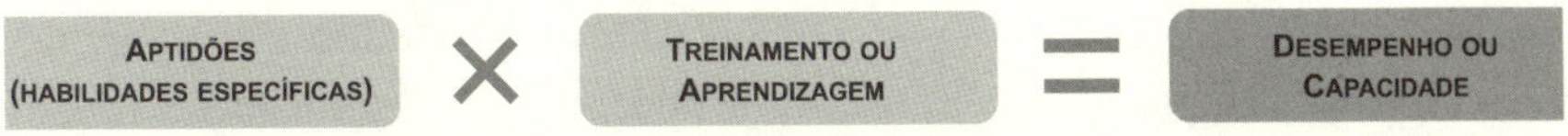

| APTIDÕES (HABILIDADES ESPECÍFICAS) | X | TREINAMENTO OU APRENDIZAGEM | = | DESEMPENHO OU CAPACIDADE |

As aptidões podem incluir características inatas, as experiências de vida, as interações sociais, os sentimentos e as emoções, os interesses e as motivações. As características inatas e outras da personalidade não são ignoradas em uma avaliação de desempenho. Elas são discutidas, internalizadas e monitoradas. Não é o caso aqui de explorar como as aptidões se formam. Porém, o alvo é o segundo componente da equação, que são as competências treináveis e viáveis de serem desenvolvidas. Tendo em vista que há possibilidade para o aumento do desempenho, essas atividades podem ser usadas para potencializá-lo.

O desempenho é um resultado intermediário, que se pressupõe necessário para o alcance do resultado final[26]. Por isso, mais recentemente, o paradigma do resultado final — incluindo o organizacional — tem sido mais discutido. Isso, no entanto, não invalida a avaliação de desempenho como metodologia de desenvolvimento de pessoas. Em vez disso, é um recurso valioso para o contexto público, para avaliar novos funcionários e outras situações cujo foco seja a eficiência operacional.

A avaliação de desempenho é um processo formal e estruturado. *Grosso modo*, o processo contém descrições de performance, graduadas e progressivas, de cada atividade desenvolvida pelo funcionário. Quanto mais detalhado e bem graduado for, mais fácil será fazer a avaliação e concluir o desempenho adequadamente. A Figura 21 — Exemplo de LNT com avaliação de desempenho — apresenta um exemplo de recorte de avaliação de desempenho, no qual foram apontadas duas atividades julgadas abaixo do mínimo, e indicadas as lacunas de competência a desenvolver.

---

[25] Segundo Bergamini e Beraldo, as variáveis inatas multiplicadas pelas experiências vividas formam a personalidade que, multiplicada pelos treinamentos e aprendizagem, resultam em capacidade ou desempenho. Ver Bergamini e Beraldo (2012, p. 20).

[26] Ver Bergamini e Beraldo (2012, p. 13).

As questões são específicas às atividades e qualquer tentativa de generalização aumenta a necessidade de interpretação. Isso pode desencadear subjetividade e uso indiscriminado de heurísticas, que tiram o foco da análise e ameaçam transformar a avaliação em uma conversa informal ou efeito halo[27].

Um LNT baseado em desempenho é um trabalho extensivo. As avaliações são individuais e a entrevista é, por si só, uma atividade delicada, que requer técnica, cuidado e empatia. Existem riscos que podem levar a sentimentos adversos, que não podem ser desprezados. Depois que as etapas iniciais e as questões sobre o desenvolvimento da atividade forem sendo interpostas, a questão-chave é se existem lacunas de competências que podem ser trabalhadas. Caso positivo, o que poderia ser feito para que elas sejam minimizadas. As lacunas e as ações de aprendizagem são particulares, íntimas e, portanto, sigilosas. Elas interessam apenas ao funcionário, sua hierarquia e ao RH.

E, por fim, muito do desenvolvimento e do aprendizado que se pretende obter não acontecerá por meio de atividades promovidas pela organização, mas pelo autodesenvolvimento. Essa propriedade é ambivalente, pois pode ser vantajoso ou desvantajoso dependendo do contexto de aplicação. A vantagem reside no fato de poder adentrar o mundo particular de cada indivíduo e, dessa forma, alcançar uma profundidade ímpar dentre os demais métodos. A desvantagem é que o processo de desenvolvimento vivencial, de reforço, de feedback e de monitoramento aumenta significativamente, devido à particularidade da situação de cada indivíduo. Portanto, um instrumento precisa ser estruturado na forma de um relatório da entrevista, formulário de avaliação ou Plano de Desenvolvimento Individual – PDI – entre o profissional avaliado e sua liderança, para que os pontos levantados não se percam no tempo e na memória.

---

[27] O efeito halo acontece quando uma avaliação é feita unicamente com base na apreciação geral daquilo que está sendo avaliado. Se alguém gosta de um funcionário, todas as características serão positivas. O contrário também é verdadeiro. Isso fica bem evidente quando alguém, ao preencher uma avaliação, atribui a mesma nota a todas as questões, uma vez que é muito difícil uma experiência ter valores iguais em todos os seus aspectos. Outros vícios de avaliação podem ser vistos em Bergamini e Beraldo (2012, p. 51).

Figura 21 • Exemplo de LNT com avaliação de desempenho.

qualypro

AVALIAÇÃO DE DESEMPENHO

Empresa	Unidade	Gerência	Seção/Setor
Nome do funcionário		Cargo/Função	Período avaliado
Nome do avaliador		Cargo	Data da avaliação

Atividades Desenvolvidas

Atividades\Nível	Iniciante	Em Desenvolvimento	Mínimo	Desejável	Superior	GAPS (LNT)
Elaboração de análise de investimentos	Não consegue realizar de forma independente	Realiza com dificuldade	Realiza as funções básicas	Realiza plenamente as funções	Propõe e implementa melhorias na atividade	*Sistemas de amortização*
Elaboração de relatório mensal de custos	Não entrega no prazo	Entrega apenas eventualmente nos prazos acordados	Entrega regularmente nos prazos acordados	Entrega sempre nos prazos	Entrega antecipadamente	*Criação de planilhas dinâmicas*
Atividade 3						
Atividade 4						

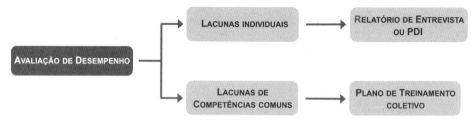

Figura 22 • Desdobramento das lacunas de competência em uma avaliação de desempenho.

Um Plano de Desenvolvimento Individual — PDI — é um instrumento simples e que ajusta as impressões, as oportunidades, os objetivos e as competências a desenvolver, e as atividades necessárias para tal (Formulário 5). Trata-se da manifestação formal e acordada entre a pessoa e sua liderança para que tenha a oportunidade de se conhecer e desenvolver rumo a uma posição mais promissora. Seu propósito é o de orientar o desenvolvimento individual, porém de uma forma macroscópica, focada com cerca de três a cinco competências de elevado potencial. O próprio funcionário poderia, se for de seu interesse e tiver disposição, desdobrar mais competências complementares, ou ações que considere relevantes, para multiplicar suas chances de sucesso. O PDI não tem objetivo de garantir qualquer resultado ou recompensa após seu cumprimento. As compensações dependem do aprendizado do funcionário, mas sobretudo de condições da organização, como a disponibilidades de vagas, inexistência de competidores em melhores condições e, evidentemente, mérito.

Ainda sobre recompensas, é importante destacar que o uso da avaliação de desempenho, como instrumento de reconhecimento, conflitua com o propósito de desenvolvimento de pessoas. Embora pareça conveniente usar a avaliação para os dois propósitos, a sedução da recompensa é por demais tentadora para que o funcionário reconheça lacunas de competência e desempenho, diante da possibilidade de não ser recompensado.

As necessidades comuns de competência deverão ser transferidas para compor o plano de desenvolvimento coletivo ou corporativo.

Formulário 5 • Exemplo de PDI.

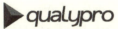

PLANO DE DESENVOLVIMENTO INDIVIDUAL — PDI

Empresa	Unidade	Gerência	Seção/Setor
Nome do funcionário		Cargo/Função	Período avaliado
Nome do avaliador		Cargo	Data da avaliação

RESUMO DA AVALIAÇÃO

Contexto enfrentado durante o período
☐ Ocioso ☐ Típico ☐ Desafiador

Percepções do entrevistador

Pontos fortes	Pontos fracos

Ponderações do funcionário avaliado

PLANO DE DESENVOLVIMENTO

Oportunidades no trabalho
☐ Curto prazo ☐ Médio prazo ☐ Longo prazo

Oportunidades de carreira (horizontal, vertical, migração)	Objetivos para o próximo período

Lacunas de competência	Prioridades	Ações de aprendizagem / Recursos / Outras ações
☐		

ANALISTAS ENVOLVIDOS

Nome e assinatura Funcionário	Nome e assinatura Entrevistador	Nome e assinatura RH	Data da próxima avaliação

Finalmente, em relação à avaliação de resultados após um período de desenvolvimento, a avaliação de desempenho também é bivalente. O mesmo método serve para identificar necessidades e também para avaliar a eficácia do processo de desenvolvimento. Ao fazer isso, fica evidenciado o esforço do funcionário em buscar melhorar sua performance humana e profissional.

Como limitação ao uso da avaliação de desempenho como LNT é preciso destacar que, se houver mudanças nas atribuições, responsabilidades ou mudanças de posição funcional, o trabalho pode ser total ou parcialmente perdido.

EXECUÇÃO DE TAREFA, META OU OBJETIVO: TASK ANALYSIS

Em tempos de incerteza, as empresas costumam abandonar as estratégias de crescimento de longo prazo e passam a focar nos objetivos de curto prazo para se manter ou sobreviver. Essas estratégias emergentes são também usadas para se ajustar rapidamente às mudanças do ambiente competitivo. O fato de a empresa não ter uma estratégica claramente formalizada e definida não quer dizer que não existam intenções estratégicas. Quando isso acontece, as ações buscam alcançar resultados mais imediatos por meio do empreendimento de esforços em projetos de curta duração e com o maior potencial de resultado possível. Muitos desses projetos dependem da absorção de novas competências para serem bem-sucedidos.

A proposta do modelo que será apresentado a seguir é a de ser uma alternativa simples, porém pragmática para esses casos. Isso se aplica às empresas que atuam em segmentos dinâmicos, ou que trabalham em estruturas adhocráticas flexíveis, em equipes ou por projeto. Pode ser bastante adequada também às empresas de pequeno e médio porte, pois a análise é simples, porém mantendo a consistência. A condição é que o projeto não tenha objetivos abstratos como, por exemplo, mudar a cultura da empresa ou melhorar a comunicação. Isso exigiria uma análise mais aprofundada da situação, o que não se deseja nesse caso.

Existem coisas que precisam ser feitas, nem sempre associadas a projetos grandiosos. Mesmo um conserto de um equipamento ou a melhoria de um processo pode demandar o domínio de um grau superior de conhecimento e habilidades. Outros exemplos de situações dessa natureza são:

- ▷ implantação de sistemas de gestão,

- ▷ produção de novo produto;

- ▷ prestação de novo serviço;

- ▷ melhoria de processos;

- ▷ implantação de nova tecnologia;

- ▷ adoção de novos modelos de trabalho ou de negócio;

- ▷ implantação de sistemas de TI;

- ▷ atendimento a um contrato/projeto com cliente em empresas de prestação de serviços.

Esses são projetos que consomem recursos e contêm riscos inerentes. Eles são idealizados, planejados e realizados com uma alta dose de envolvimento da alta direção. A implicação disso é que qualquer processo de desdobramento tende a ser mais intuitivo, pois a responsabilidade, a autoconfiança e a disposição de assumir riscos contribuem para isso. Dessa forma, o método de LNT pode ser menos estruturado, bastando ser claro, transparente e lógico no raciocínio.

O instrumento que apresentamos se denomina Task Analysis. Ele se destina à identificação de necessidades de treinamento dentro do contexto descrito anteriormente. O Task Analysis segue quase todo o raciocínio descrito na Figura 6 — Macroetapas de um LNT — para chegar às ações de aprendizagem. Ele não contém a etapa das Deficiências, indo direto ao propósito, daí sua simplicidade.

Figura 23 • Etapas do Task Analysis.

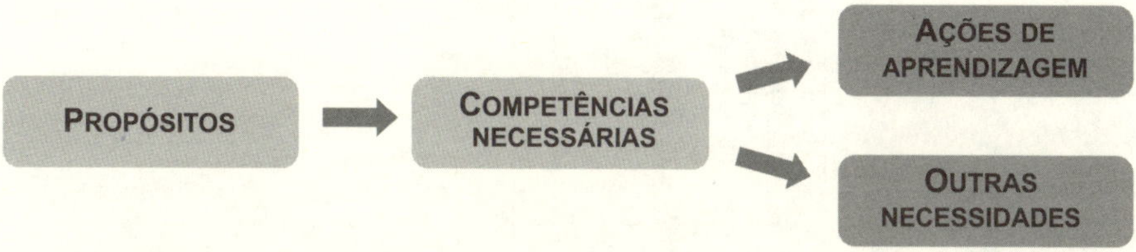

É importante lembrar que a ausência das Deficiências no modelo não significa que não existam, ou que não devam ser consideradas. O pressuposto é que elas tenham sido identificadas previamente.

Formulário 6 • Task Analysis (com exemplo).

▲qualypro

Task Analysis

Treinamento. Desenvolvimento e Educação

| ÁREA/GERÊNCIA | LÍDER: | ANALISTA: | DATA: |

Objetivo / Propósito Metas, projetos, atividades	Competências Adicionais Necessárias Conhecimentos, Habilidades e/ou Comportamentos e Atitudes	Grupo Alvo Cargos, Funções e/ou Pessoas	Ações de Aprendizagem Treinamento, Autoformação, Aprendizagem pela Ação, OJT, Visitas, Coaching etc.	Prioridade Alto, Médio, Baixo
Desenvolvimento de negócios via WEB *(Exemplo)*	*Comércio Eletrônico (CE)* *Tecnologias de CE via Web*	*Gerente e Coordenadores Comerciais* *Analistas de Sistemas*	*1. Seminário de CE da ABCE* *2. Visitar três empresas que migraram seus processos comerciais* *3. Estudo das soluções técnicas do mercado* *4. Feira de WEB/TI*	*A* *M* *A* *B*

130 CAPITAL HUMANO

Na primeira coluna o usuário deve listar o que precisa ser feito. Se houver dados mensuráveis para definir o objetivo, é recomendável mencioná-los também. Na segunda coluna ele deve responder quais são as competências adicionais necessárias para executar aquele trabalho. A taxonomia de Bloom, mais conhecida no Brasil como CHA — Conhecimentos, Habilidades e Atitudes —, é citada para lembrar o usuário da natureza das ações de aprendizagem. O usuário deve lembrar — ou ser lembrado — que a adoção plena de qualquer processo, método ou produto novo requer competências em todo o seu ciclo de vida, incluindo planejamento, implantação, aplicação e manutenção, para públicos diversos, como, por exemplo:

- gestores;
- especialistas;
- suporte técnico;
- usuários;
- manutenção;
- marketing e vendas;
- fornecedores e distribuidores;
- público geral.

Pode haver, portanto, muito treinamento a realizar para garantir o sucesso de cada empreitada. Uma preocupação, que também não deve ser desprezada, é a Gestão da Mudança (*Change Management*). Trata-se de um conceito que envolve técnicas e abordagens necessárias para implantar o projeto do ponto de vista das pessoas, não apenas como uma sequência de atividades. Ele inclui o tratamento das resistências e o convencimento, eventualmente fundamentais, para obter o ritmo de transformação.

As últimas colunas se referem às ações de aprendizagem recomendadas e necessárias para satisfazer as necessidades de competência. Essa coluna não precisa ser preenchida pelo responsável do projeto e nem no momento da análise das competências. A ansiedade de concluir o LNT pode acabar por limitar a definição das ações àquelas comuns, já conhecidas. Então, é recomendado que seja feita posteriormente, com cuidado, após uma análise das alternativas pedagógicas e a criação de soluções educativas apropriadas. Por isso o campo é denominado de Ações de Aprendizagem, e não Ações de T&D. Aprendizagem é um termo mais amplo e contém mais possibilidades para prover o público-alvo com a competência de que precisa.

SITUAÇÕES E MÉTODOS DE LNT

Durante a execução dos projetos, o Task Analysis pode ser revisado para inclusão de novas necessidades, exclusão dos projetos cancelados, atualização de informações etc. Novos campos podem ser introduzidos para os dados de *follow up*. Se o projeto for interrompido ou cancelado, as ações de aprendizagem também devem ser, a menos que haja outros motivos para serem mantidas.

Devido à sua construção, o Task Analysis induz o usuário a fazer um alinhamento dos treinamentos solicitados com propósitos objetivos. É um recurso simples, porém focado, e que pode melhorar muito o LNT reativo. Após a sua aplicação, deve ser empreendido um trabalho complementar de detalhamento e especificação, complementando informações fundamentais para o desenho e planejamento da execução.

Quanto à avaliação de eficácia, embora a qualidade e a satisfação dos eventos possam ser mensuradas, os resultados que realmente importam são, em última instância, os resultados iniciais dos projetos. Apenas seu cumprimento bem-sucedido, total ou parcialmente, pode validar a eficácia das iniciativas de T&D. Esse ponto de vista talvez possa parecer um pouco frio, mas para a organização é isso o que realmente interessa para decidir se o esforço valeu a pena ou se foi desperdiçado. Se isso não acontecer, a empresa terá que se contentar com resultados qualitativos secundários.

CONHECIMENTOS COMO PRÉ-REQUISITOS: PRÉ-TESTE

Existem diversas situações em que as pessoas precisam ter conhecimentos imprescindíveis para desempenhar seu trabalho. Não há espaço, tempo ou pessoa a quem recorrer para procurar esclarecer dúvidas. Mesmo que, eventualmente, elas surjam durante o trabalho, a princípio, e para a grande parte das situações, a pessoa precisa responder de forma rápida e efetiva. Podemos citar, a título de exemplo, os seguintes contextos:

> **Situações que envolvam segurança**
> Operação de máquinas móveis como empilhadeiras, tratores, pontes-rolantes, guindastes, barcos, veículos quaisquer; praticantes de esportes radicais; combate a incêndio e primeiros socorros etc.

▷ **Serviços de alto nível de exigência**

Forças armadas e polícia; procedimentos médicos e de enfermagem; controle da qualidade; informação a clientes (concierge); funcionários de creches, analistas de crédito etc.

▷ **Atividades regulamentadas**

Escolas; hospitais; tribunais; departamento de pessoal de empresas; áreas da contabilidade e fiscal; corretores de imóveis etc.

▷ **Serviços de luxo**

Hotéis; serviços de bordo (aviões, navios); boutiques; restaurantes etc.

▷ **Conhecimentos exigidos como pré-requisito**

Cursos escaláveis em níveis básico, intermediário e avançado; cursos de idiomas e informática; técnicas estatísticas avançadas; procedimentos de operação complexos; atendimento presencial; guias turísticos; vendedores de produtos de alto valor; auditores etc.

Todas essas situações se caracterizam por ter conhecimentos mínimos como pré-requisito para o exercício das atividades. Essas exigências podem ser internas, definidas pela própria organização, e também externas, impostas por órgãos de governo, órgãos de normalização, associações e entidades de classe ou também adotadas de forma consensual, segundo práticas de mercado.

A exigência desse arcabouço de conhecimento se deve à natureza da atividade, mas costuma estar associada à qualidade ou a algum risco à integridade patrimonial, econômica ou humana. É preciso reduzir ao mínimo as chances de erro ou, preferencialmente, eliminá-las por completo.

Os testes são formulados e aplicados para avaliar esses tipos de condição, podendo ser:

▷ **Testes teóricos de conhecimento:** para avaliar a memorização e a articulação de saberes e ideias; podem ser aplicados em grupo.

▷ **Exames práticos de habilidades:** para avaliar o desenvolvimento psicomotor, de membros e órgãos do sentido; é consenso que a habilidade pressupõe o conhecimento, mesmo que tácito, ou inconsciente; devem ser aplicados individualmente, observando-se pessoa por pessoa.

SITUAÇÕES E MÉTODOS DE LNT **133**

A avaliação de conhecimento, ou a de habilidades, comumente denominada de pré-teste, tem uma elevada capacidade de revelar a competência existente, talvez mais do que qualquer outra técnica para o mesmo fim. A pessoa avaliada tem que responder a questões-chave ou executar uma tarefa que, se bem construída, dificilmente teria como fazê-la sozinha e sem competências prévias.

O pré-teste pode ser aplicado antes, depois ou em ambos os momentos. Como estratégia de LNT, ele seria aplicado antes e a tempo para que seja corrigido, tabulado e analisado podendo determinar:

▷ **Se o aspirante ao treinamento tem condições mínimas para participar dele**

Não se assuste se o resultado do pré-teste for surpreendentemente baixo. Isso expõe as carências de conhecimento conceitual mínimo sobre o trabalho. Isso não é incomum e pode indicar um trabalho feito de forma mecanizada, com potencial de erro considerável se alguma coisa sair da normalidade.

Além do conhecimento mínimo, a prova pode servir para nivelar as turmas, de acordo com o nível de domínio ou o perfil dos grupos.

▷ **Determinar o conteúdo programático do treinamento**

Há sempre certa dificuldade em determinar conteúdos programáticos. Frequentemente, a equipe de RH opta pela proposta que lhe parece ser mais interessante, fornecida pelos consultores de seu relacionamento, ignorando a necessidade real. Embora haja alguma dificuldade na aplicação, um pré-teste tem mais capacidade de determinar a necessidade real da equipe, indicando os elementos em que possuem maior dificuldade.

▷ **O tempo em que as respostas são fornecidas (agilidade)**

O tempo para responder às questões tende a ser proporcional ao grau de convicção nas respostas e pode determinar a facilidade do grupo avaliado de resgatar seus conhecimentos e suas habilidades. Por isso toda avaliação tem um tempo máximo para sua realização. Apontar o tempo que a pessoa gastou para fazer a avaliação pode ser um dado complementar e útil.

▷ **O comportamento observado durante a tarefa (eficiência, familiaridade, simpatia)**

Algumas reações podem ser avaliadas ao final, analisando o produto ou o serviço pronto. É o caso de camareiras de hotéis, por exemplo. Já outros, necessitam ser avaliados durante sua execução, pois as evidências não estão presentes no final do trabalho, caso de atendentes de call center. Um checklist é um bom instrumento para registrar a execução da tarefa pelo observador/avaliador.

▷ **O resultado final (qualidade)**

As provas conceituais de pós-teste e as avaliações do domínio na execução do trabalho, que demonstram a habilidade, têm foco no resultado, devendo ser realizadas ao final. A qualidade, bem como o tempo de execução e a satisfação do cliente, é critério essencial e deve ser considerada, sempre que possível.

A aplicação de pré-teste pode incluir as seguintes atividades:

1. **Definição do tema e do grupo-alvo**

   A atividade que a organização precisa que seja desempenhada e o grupo de pessoas que precisam ser desenvolvidas.

2. **Identificação de um especialista**

   Escolha da pessoa para elaboração da avaliação; a primeira alternativa é sempre o próprio instrutor, mas pode ser a liderança técnica ou uma pessoa independente.

3. **Elaboração da avaliação**

   Preparação da prova escrita, ou dos recursos para o caso de avaliação prática, para a qual é preciso definir e implementar:
   - questões abertas ou fechadas;
   - grau de dificuldade;
   - com ou sem consulta;
   - individual ou em equipe;
   - presencial ou a distância;
   - critério de aprovação;
   - duração;

- momento da avaliação: dias antes, ou no primeiro momento do evento:
  - » antes: melhor, pois permite correção e planejamento do conteúdo;
  - » no momento: mais fácil de reunir as pessoas.
- forma de apresentação dos resultados: notas ou relatório, público ou reservado.

4. Validação da avaliação

Recomendável que a avaliação seja validada por um grupo de controle ou por um segundo especialista, antes de ser aplicada.

5. Seleção e convite aos participantes

De maneira geral, as pessoas não apreciam serem avaliadas, pois isso provoca muito desconforto; o profissional de RH deve ser convincente para trazer as pessoas para o ambiente de avaliação de pré-teste; para fins de LNT, talvez não seja necessário convocar o grupo todo. Uma boa amostra pode ser suficiente.

6. Aplicação da avaliação

Aplicação da avaliação no público-alvo — prova escrita ou observação de execução — usando os instrumentos de avaliação, e observados por pessoas designadas. O objetivo é coletar, sobretudo, as carências de competência.

7. Correção e tabulação

Correção das provas conforme gabarito ou checklist previamente elaborado, apontando as questões com acerto e aquelas cujas respostas devem ser ponderadas e avaliadas. No caso de provas de conhecimento, esse trabalho pode ser facilitado pelo uso de aplicativos para testes e *quizzes*[28], cujo gabarito pode ser inserido na formatação das perguntas.

---

[28] Uma alternativa de qualidade razoável e sem custo é o Google Forms. O Analista ou o Instrutor pode elaborar as questões de diversos tipos, inserir figuras e gabaritos, programar as possibilidades de visualização e revisão de respostas e enviar o link por e-mail aos respondentes. As respostas podem ser visualizadas individualmente ou em grupo, incluindo por meio de gráficos.

8. Análise do resultado

A análise constitui-se do exame minucioso do resultado visando à tomada de decisão sobre turmas, módulos e conteúdo programático. Devem ser ressaltadas as questões que o grupo não conseguiu responder ou as tarefas que não forem bem executadas, pois esses elementos servirão para compor um programa de treinamento. Os resultados individuais e do grupo devem ser considerados, bem como a dispersão de cada questão.

9. Coleta das impressões dos avaliados

É recomendado ouvir as pessoas avaliadas para confirmar a aplicabilidade das questões no ambiente de trabalho, sua utilidade para compor um programa de treinamento e a reação ao serem submetidas à avaliação. O processo de avaliação não deve gerar reações adversas negativas. Um pequeno relatório pode ser útil para documentar os resultados.

10. Detalhamento do LNT

Finalmente, com as informações coletadas, o LNT pode ser minimamente detalhado para compor o plano de treinamento. A especificação completa, a exemplo de outras técnicas de LNT, pode ser feita no momento do desenho instrucional, depois que o programa for aprovado.

Uma estratégia para elaboração de provas que alimentam um processo de desenho instrucional é montar questões progressivamente mais difíceis. A quantidade de acerto da média das pessoas representa a fronteira do conhecimento. As questões podem também incluir conhecimentos falsos e errados que as pessoas dominam, porém são conceitualmente incorretos.

O exemplo da Figura 24 é uma página de um pré-teste, que foi preparado para avaliar conhecimentos sobre o Método de Análise e Solução de Problemas (MASP)[29]. A prova toda tem seis páginas e aqui está apresentada apenas a primeira. Existem questões de múltipla escolha, questões abertas e de interpretação.

---

[29] O Método de Análise e Solução de Problemas (MASP) é um método estruturado para resolução de problemas complexos e crônicos de desempenho operacional de produtos, serviços e processos. Ele deriva do PDCA e de um conjunto metodológico desenvolvido no Japão nos anos 1950 e é usado até hoje em grandes organizações. É um dos melhores métodos para obtenção de resultados sustentáveis e desenvolvimento de pessoas.

Figura 24 • Exemplo de pré-teste (tema de MASP).

Avaliação Pré-Teste
MASP – Método de Análise e Solução de Problemas

Nome:

1. O MASP é um método:

   a) aplicável a problemas crônicos e com histórico deles;
   b) rápido, para problemas urgentes;
   c) aplicável a qualquer problema;
   d) muito difícil de aplicar;
   e) para aplicação apenas em problemas de qualidade.

2. O que é feito na etapa de "Observação" no MASP?

3. Quando alguém diz que já possui uma solução, antes mesmo de começar a analisar o problema, a equipe deve:

   a) tratar o problema urgentemente;
   b) analisar a causa;
   c) considerar a sugestão e continuar com a análise;
   d) agradecer a contribuição dada;
   e) fazer um 5W2H a partir da informação prestada.

4. O que a equipe pode fazer quando há urgência na solução de um problema?

   a) queimar etapas;
   b) ir direto ao plano de ação;
   c) determinar a causa através de diagrama de causa e efeito;
   d) coletar dados;
   e) iniciar ações de curto prazo usando uma abordagem intuitiva e, se possível, trabalhar análise de causas em paralelo.

5. Quando a causa aumenta e, com isso o problema diminui (ver gráfico), chamamos isso de:

   a) relação inversa;
   b) correlação negativa;
   c) correlação paralela;
   d) reação oposta;
   e) reação estranha.

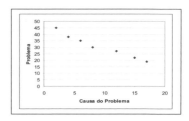

Em princípio, um pré-teste deveria ser aplicado individualmente e sem consulta, para avaliar o conhecimento tácito e existente. Outra recomendação é estipular a duração da avaliação de forma que o participante tenha tempo apenas para consultar a memória e responder às questões, sem tempo para deduzir respostas por eliminação ou de maneira arbitrária.

Algumas questões do exemplo da Figura 24 tem uma alternativa para "Não sei/prefiro não 'chutar'". Isso serve para que o participante tenha uma alternativa de resposta, caso prefira ser mais cuidadoso, e não arbitrar uma resposta como se tivesse convicção dela.

Já o exemplo da Figura 25 mostra uma planilha com os resultados da aplicação de um pré-teste, de um procedimento específico, para uma equipe de enfermagem de um hospital de médio porte. Para manter o sigilo das pessoas, os nomes e as notas foram alterados.

Figura 25 • Exemplo de tabulação de resultados de pré-teste.

LNT baseado em Pré-Teste			
Tema: Sistema Fechado de Dieta Enteral			
Turma 1 – 23/02/2020			
Nome	Função	Pré-Teste	Acerto
Adriana	Tec.Enfermagem	0	0%
Amélia	Tec.Enfermagem	3	60%
Anália	Tec.Enfermagem	Não Fez	–
Anne	Tec.Enfermagem	5	100%
Bruna	Tec.Enfermagem	3	60%
Cecilia	Tec.Enfermagem	5	100%
Cleonice	Tec.Enfermagem	2	40%
Debora	Tec.Enfermagem	0	0%
Denize	Tec.Enfermagem	3	60%
Elziana	Tec.Enfermagem	2	40%
Ester	Tec.Enfermagem	5	100%
Fernanda	Tec.Enfermagem	1	20%
Fernando	Tec.Enfermagem	0	0%
Giselle	Tec.Enfermagem	3	60%
Hely	Tec.Enfermagem	5	100%
Ivanete	Tec.Enfermagem	0	0%
Jacira	Tec.Enfermagem	2	40%
Juliana	Aux.Enfermagem	1	20%
Katiane	Tec.Enfermagem	2	40%
Marta Cristina	Tec.Enfermagem	4	80%
Melissa	Tec.Enfermagem	2	40%
Rosane	Tec.Enfermagem	Não Fez	–
Rosiane	Enfermeira	5	100%
Simoni	Tec.Enfermagem	2	40%
Sônia	Tec.Enfermagem	0	0%
% de domínio mínimo:	20%	Média da Turma:	47,83%

Se fossem verdadeiros, esses dados mostrariam certa concentração de conhecimento e elevado grau de dependência de poucos profissionais no procedimento citado (sistema fechado de dieta enteral). Isso poderia colocar a operação em risco, uma vez que apenas 20% da equipe tem o domínio completo da atividade. A necessidade de treinamento de pessoal adicional parece ser imperativa. A questão reside apenas sobre como viabilizar esse aprendizado, que pode ser de muitas formas e com muitas possibilidades de treinamento ou instrução.

À medida que existe acesso à tecnologia, os aplicativos da internet podem ser usados para automatizar o processo de avaliação, auferindo rapidez, qualidade e retorno imediato do grau de acerto.

Esses exemplos mostram a efetividade do pré-teste como uma técnica poderosa para evidenciar claramente as lacunas de competência na equipe. Além disso, um teste é um instrumento bivalente, podendo também ser empregado para avaliar o resultado após o treinamento ter sido feito, e o conteúdo aplicado. A avaliação de resultados — o pós-teste — pode ser:

- ▷ mesma prova;
- ▷ mesma prova, com ordem das questões alteradas;
- ▷ mesmas questões com dados diferentes;
- ▷ outra prova.

Existem ainda outros tipos de avaliações físicas (força, altura, aparência), psicológicas, documentais (formação, legalidade civil…) e químicas (álcool e drogas). Alguns dos resultados dessas avaliações podem ser empregados para desencadear ações de aprendizagem.

NOVOS PROJETOS: TASK ANALYSIS E CRONOGRAMA

Muitas necessidades de treinamentos podem ser decorrentes da execução de um projeto qualquer. Projetos são atividades não rotineiras, com início, meio e fim, para promover uma alteração em produtos, serviços e processos. Quando isso envolve a absorção de tecnologias, o projeto pode incluir até mesmo treinamentos no exterior e a incorporação de competências por meio da contratação de pessoal já formado e experiente, eventualmente tirados da concorrência.

A mobilização de pessoas e recursos pode ser muito grande, dependendo do porte do projeto, absorvendo a atenção da liderança e impactando o dia a dia da empresa. Embora os projetos tenham grande prioridade, nem sempre as necessidades de competência e treinamento são lembradas. Parece haver uma crença ilusória de que a condução de um projeto depende apenas de uma liderança carismática, vontade, disposição e ânimo.

Algumas das situações típicas, e talvez familiares, são elencadas e descritas a seguir, podendo incluir:

▷ **Instalação de novos equipamentos**

Quase sempre, durante a instalação de novos equipamentos, processos e sistemas, o treinamento dos operadores e suporte à operação é previsto e acontece. Porém, não é incomum que o treinamento de equipes de manutenção seja esquecido e só lembrado quando o equipamento novo apresenta defeito.

▷ **Lançamento de novos produtos ou serviços**

Um lançamento feito às pressas, devido a prazos atrasados, pode acabar ignorando o treinamento das equipes comerciais, sobretudo quando envolvem distribuidores e parceiros e centros de atendimento (call centers).

▷ **Implantação de programas**

Vez ou outra, as empresas tomam a iniciativa de implantar metodologias de gestão organizacional e gestão de pessoas. Os sistemas de gestão certificados, programas da Qualidade, de responsabilidade social corporativa, de ética, *compliance* e de melhoria contínua são exemplos de programas que podem ser permanentes ou temporários necessitando de aculturamento, conhecimentos e habilidades novos para serem implantados.

▷ **Novas funções**

Podem incluir, por exemplo, a inclusão de grupos de estagiários, trainees, cargos recém-criados, pessoal impatriado, equipes de projetos ad hoc, servidores públicos realocados, enfim, funções que foram constituídas por algum propósito e que possuem uma missão ou responsabilidade a cumprir.

▷ **Rotinas pouco frequentes**

As atividades que são executadas com baixa frequência podem ter subestimada a competência necessária para executá-las. O pressuposto de que existe experiência acumulada, e que ela pode ser usada a qualquer momento, pode não ser verdadeiro. Deixar de fazer alguma atividade por muito tempo pode fazer com que a habilidade se perca ou pode apagar detalhes que, na verdade, são absolutamente relevantes.

▷ **Experimentos**

Por vezes, a organização recorre à realização de experimentos para testar a validade de um processo. Experimentos normalmente são trabalhosos e dispendiosos. Seu sucesso depende de um planejamento feito com muito cuidado. Então, esse é o tipo de situação que não pode prescindir jamais de um LNT cuidadoso.

▷ **Trabalhos temporários**

Trabalhos temporários podem ser feitos por diversos motivos. O mais comum são os trabalhos sazonais, como acontece no comércio em épocas específicas do calendário. Outra situação típica acontece diante de manutenções preventivas programadas. Pessoal novo sempre precisa de treinamento.

▷ **Mudança de modelo de negócio**

Poucas coisas são tão impactantes em uma organização do que mudar o modelo de negócio. Isso pode necessitar de um aculturamento tão profundo que não seria surpresa se algumas pessoas não se adaptassem ao novo modelo. Empresas que mudam de um modelo de venda para locação; de produção para serviços; de ponto de venda físico para comércio eletrônico; de altas margens e baixas vendas para baixas margens e alto volume; equipe própria para equipe terceirizada; venda direta para franquias, são exemplos de mudanças desse tipo.

▷ **Mudança de cultura organizacional**

Existem diversos preditores de mudanças em organizações. Algumas delas indicam a necessidade de mudança da cultura estabelecida. Resultados constantemente abaixo do esperado, movimentações significativas no mercado e no modelo de negócio, e substituição da liderança são apenas alguns deles. São mudanças que, devido à sua natureza abstrata, nem sempre parecem ser importantes o suficiente para ganhar a atenção devida. Mudar uma cultura é uma das tarefas mais difíceis, que exige projetos de mudança e/ou transformação mais robustos, envolvendo todos os colaboradores, em maior ou menor grau. Apesar da dificuldade, é um processo que pode ser conduzido com ações de reforço, movimentos simbólicos e ritualísticos, e sempre em longo prazo. Qualquer ação pode ser significativa e conter oportunidades de aprendizado, incluindo reuniões de alinhamento. Se o sucesso da iniciativa é fundamental para a sobrevivência ou o crescimento do negócio, as ações deveriam ser tratadas com relevância metodológica equivalente.

Além das situações típicas citadas, existem ainda as necessidades de competências da própria equipe de projeto, sobretudo do gestor. A não ser que o negócio da empresa seja desenvolver projetos, elas não acontecem o tempo todo. Então, é possível que os conhecimentos e as habilidades para essa missão estejam "enferrujados" por ocasião de seu início.

São tantas as situações que é praticamente impossível não concordar que a identificação de necessidades de treinamento deveria fazer parte dos processos de mudança. A título de exemplo, a colocação de um novo produto no mercado pode envolver o desenvolvimento de competências nas áreas de:

- ▷ Pesquisa e desenvolvimento
- ▷ Engenharia de processos
- ▷ Logística, compras e planejamento de produção
- ▷ Produção
- ▷ Qualidade
- ▷ Marketing
- ▷ Manutenção
- ▷ Vendas
- ▷ Assistência técnica
- ▷ Atendimento ao cliente
- ▷ Prestadores de serviços, como armazenagem e transporte
- ▷ Empregados de maneira geral

O treinamento pode incluir:

- ▷ Conceitos relacionados ao novo produto
- ▷ Uso de métodos, técnicas e ferramentas de execução e gestão
- ▷ Operação de novas máquinas e novos processos
- ▷ Execução de operações de montagem
- ▷ Manutenção de novos equipamentos
- ▷ Abordagem e argumentação comercial
- ▷ Técnicas de controle de qualidade
- ▷ Cuidados no manuseio, na armazenagem e no transporte
- ▷ Conhecimentos específicos sobre os insumos e seus substitutos
- ▷ Tratamento de ações corretivas, preventivas e de contingência
- ▷ Técnicas específicas de inspeção e controle
- ▷ Planos de reação para o caso de problema
- ▷ Necessidades de clientes específicos
- ▷ Uso correto do produto

Esses exemplos nos proporcionam uma ideia abrangente da dimensão que a necessidade de treinamento pode tomar, exigindo uma abordagem estruturada. Quando o LNT existe, ele costuma ser reativo e focado em eventos, não em um processo de aprendizado sincronizado e, muito menos, estruturado em médio ou longo prazo.

Quando se fala de projetos, a referência universal sobre o tema é o Guia do Conhecimento em Gerenciamento de Projetos, ou simplesmente, Guia PMBOK®. A versão 2017 do guia é um documento bastante amplo, que apresenta recomendações para o gerenciamento de projetos de empreendimentos. Sobre competências e treinamento, o guia fornece orientações sobretudo para o gerente e para a equipe de projeto.

Em relação ao gerente de projeto, o Guia PMBOK® recomenda uma série de competências, conhecimentos e habilidades, distribuídos em três conjuntos, que formam um modelo denominado Triângulo de Talentos do PMI, incluindo[30]:

---

[30] Ver PMI (2017, p. 56).

CAPITAL HUMANO

▷ **Gerenciamento de Projetos Técnico**

Conhecimento, habilidades e comportamentos relativos a domínios específicos de gerenciamento de projetos, programas e portfólios necessários para que o gerente de projeto execute sua função.

▷ **Liderança**

Conhecimento, habilidades e comportamentos necessários para orientar, motivar e dirigir uma equipe, para ajudar a organização a atingir suas metas de negócio.

▷ **Gerenciamento estratégico e de negócios**

Conhecimento e expertise no setor e na organização, de forma a melhorar o desempenho e melhor fornecer os resultados do negócio.

Outro grupo de atores em um projeto são os especialistas. São pessoas com competência superior, que fornecem suporte técnico em todas as áreas envolvidas no projeto. Existem competências sobre a área do projeto e também na gestão de custos, legal, riscos, recursos, planejamento etc. É necessário eventualmente pessoas com competências especializadas em diversas áreas de apoio, gestão, incluindo o risco e especialidades técnicas.

Quanto às equipes, cabe ao gerente de projeto elaborar um plano de treinamento, que é parte do plano de gerenciamento de recursos. Segundo o PMBOK®, é de responsabilidade do gerente de projeto aprimorar os conhecimentos e as habilidades dos membros da equipe, visando aumentar suas capacidades de concluir as entregas do projeto, com baixo custo, dentro dos prazos e com elevada qualidade. O guia faz uma série de indicações de possíveis competências e treinamentos que poderiam ser necessários aos envolvidos em um projeto. Dependendo do grau de estruturação metodológica desse projeto, a identificação e o planejamento dos treinamentos deverão ser formalizados em planos específicos para tal.

Se o projeto inclui mudanças permanentes, então instrumentos mais estáticos precisam ser usados. O Gap Analysis pode ser usado para o LNT se houver a criação ou a alteração em Descrições de Cargo. Porém, se o projeto é algo transitório e menos formalizado, recursos mais simples e menos estruturados são mais apropriados. O instrumento, que pode ser utilizado nessas situações, é o Task Analysis, apresentado no tópico da 'Melhoria de Resultados — Execução de Tarefa, Meta ou Objetivo', desdobrado em uma Estrutura Analítica do Projeto (EAP), e sincronizado com o cronograma de atividades. A vantagem desse instrumento é que ele remete ao propósito da iniciativa e pode identificar diversas necessidades, de forma simples, no mesmo instrumento.

A combinação com o cronograma é necessária para a sincronização dos treinamentos com as fases do projeto, para que eles aconteçam no momento certo. Isso significa disponibilidade das pessoas, dos recursos, e a antecedência devida, para aplicação imediata e sem perda do aprendizado. Outro fator a considerar é a disponibilidade dos especialistas encarregados de trazer o novo conhecimento para dentro da organização. Como muitos projetos contam com consultores e especialistas externos, frequentemente contratados "a peso de ouro", a sincronização com etapas do projeto pode reduzir custos.

Essa sincronização é feita por meio da inserção dos treinamentos entre as etapas, sempre antes da necessidade da aplicação. Pode ser feito também intercalando com datas-chave (*milestones*), quando o treinamento tiver que ser conciliado com outros eventos do projeto. Se houver um cronograma estruturado, na forma de um Gráfico de Gantt, ou outro formato, é essencial que os treinamentos estejam mencionados como etapas do projeto para que sejam consideradas partes essenciais dele (ver Figura 26).

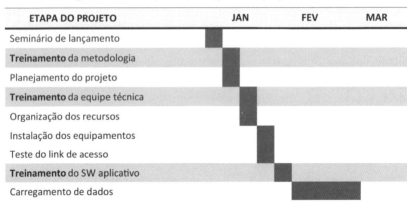

Figura 26 • Exemplo de cronograma de projeto com LNT.

Em termos de etapas, segue um roteiro básico para orientação geral e que pode ser:

1. Se informar com o coordenador do projeto, ou empresas contratadas, sobre as necessidades de competências.

2. Identificar as famílias profissionais envolvidas no projeto.

3. Determinar o tipo de competência necessário, se definitivo ou temporário.

4. Fazer *benchmarking* sobre erros e acertos em projetos semelhantes em outras organizações, identificando os treinamentos realizados e não realizados, bem como os eventuais ajustes à sua realidade.

5. Fazer avaliação de competências de entrada por Gap Analysis (sem a parte de Tarefas e Atribuições) para competências definitivas.

6. Ou fazer o Task Analysis para as competências transitórias para o projeto.

7. Especificar e aprovar os eventos.

8. Sincronizar os treinamentos com as etapas do projeto.

9. Cuidar para que a pressão e o estresse, comuns em qualquer projeto de implantação, não comprometam os resultados do treinamento.

10. Monitorar o andamento do projeto e identificar mudanças e ajustes.

Além do sincronismo, é recomendável também que o profissional de RH ou T&D participe das reuniões de análise crítica de projeto, e receba em tempo real as atualizações sobre o seu andamento. Com tantos custos e impactos envolvidos, sobretudo em projeto de grande monta, é muito fácil acabar se esquecendo de repensar as atividades de aprendizagem. Então, a presença nessas reuniões, mesmo que em grande parte do tempo os assuntos girem em torno dos temas técnicos, é a oportunidade para refletir sobre impactos e remanejar ações previstas, como também inserir novas, caso haja necessidade.

REQUISITOS EM DOCUMENTOS: LNT DOCUMENTAL

Existe um entendimento geral de que a prática de LNT consiste em uma abordagem corpo a corpo, entre o profissional de RH e algum representante da área alvo da análise de necessidades. O LNT reativo, talvez reforce ainda mais essa ideia, pois a identificação é feita pela própria liderança, com todos os falsos pressupostos que já foram mencionados anteriormente.

Não há como negar que a participação é sempre desejável, pois além do inegável conhecimento da atividade, isso também elimina o argumento de que não houve consulta da área acerca dos rumos do desenvolvimento de pessoas. No entanto, o LNT participativo não é a única fonte de informação para identificação de necessidades. Existem outras fontes, ainda que seja necessário certo grau de análise. Para ilustrar essa possibilidade, imagine os pais de um aluno em idade escolar analisando as notas do boletim de seu filho. Ao comparar as notas das disciplinas com a nota de referência para um trimestre ou para o ano, eles podem facilmente identificar o que precisa ser feito para que o aluno seja aprovado na disciplina ou no ano letivo. Eles não precisam perguntar ao filho, ao professor, ou a quem quer que seja. As notas dizem tudo e, se houver necessidade de um esforço adicional para recuperar notas perdidas, dificilmente isso seria contestado.

A análise de documentos pode ser uma fonte preciosa para revelar diversas necessidades, incluindo aquelas relacionadas a pessoas e a competências treináveis. Por isso, elas deveriam integrar e sustentar qualquer método de LNT para tornar o processo mais objetivo[31]. As evidências coletadas, se não indicarem categoricamente a necessidade, como no exemplo do boletim escolar, ao menos podem demonstrar que algo precisa ser feito para corrigir o presente, ou se preparar para um futuro mais promissor.

Um LNT documental pode incluir consultas a:

▷ Revistas e publicações do segmento de negócio.

▷ Legislação, regulamentação e normalização do setor.

▷ Feedback de clientes e do mercado.

▷ Pesquisas de satisfação de clientes, críticas e sugestões nos canais diretos e indiretos.

▷ Comentários de clientes no SAC — Serviço de Atendimento ao Cliente.

▷ *Clippings* de jornais e revistas.

▷ Manifestações em sites da empresa e na mídia social.

▷ Análises de mercado e atividades da concorrência.

▷ Registros de reclamações e devoluções de produtos.

---

[31] Jean Barbazette vai mais além nessa questão do papel da informação objetiva, ao afirmar que a reunião de informações é a primeira das três fases de um processo de avaliação de necessidades. Ver Barbazette (2006, p. 39).

- ▷ Relatórios de avaliações de agentes regulamentadores.
- ▷ Planos ou documentos estratégicos.
- ▷ Relatórios financeiros (custos, lucratividade).
- ▷ Relatórios de indicadores gerenciais.
- ▷ Relatórios e indicadores dos sistemas de gestão (qualidade, meio ambiente, segurança).
- ▷ Relatórios de auditorias internas e externas.
- ▷ Registros de rotatividade, absenteísmo e assiduidade de empregados.
- ▷ Relatórios de desempenho comercial (pessoas e produtos).
- ▷ Reclamações internas recorrentes de qualquer natureza.
- ▷ Pesquisa de clima.
- ▷ Registros de horas extras.
- ▷ Registros dos atendimentos no ambulatório médico.
- ▷ Histórico de treinamentos anteriores:
  - ▪ reação/satisfação dos participantes (insatisfação);
  - ▪ aprendizado: desempenho em avaliações pós-teste (baixo rendimento);
  - ▪ aplicação: nível de aplicação do conteúdo aprendido (treinamentos não aplicados);
  - ▪ resultados: resultados concretos (não obtidos).
- ▷ Registros do andamento de projetos (prazo e custo).
- ▷ Relatos da satisfação da liderança com o treinamento.

Um cuidado ao se lidar com dados é sua confidencialidade. O profissional de RH deve manter sigilo das informações e usá-las com cuidado para não provocar reações adversas.

A necessidade de treinamento, e também de outras necessidades que afetam sua aplicação e desempenho, decorre de uma análise desses documentos e das respostas às indagações para as equipes envolvidas. Essa participação é necessária para que o processo tenha legitimidade.

Figura 27 • Diagrama de blocos de um LNT documental.

A definição das atividades, última etapa do diagrama da Figura 27, consiste nos dados mínimos a serem introduzidos no plano de treinamento para aprovação pela liderança. Se os dados dos problemas puderem ser utilizados como elementos de comparação antes-depois, isso seria um diferencial no plano, pois são dados altamente valorizados pela organização. Nesse caso, o instrumento de LNT para resultados do Formulário 2 pode ser empregado. No entanto, se não for o caso de estabelecer uma meta tão objetiva, então o Task Analysis do Formulário 6 seria o modelo mais adequado, pois a necessidade parte de um objetivo não quantitativo, mas de realização.

Uma possibilidade que ainda está em desenvolvimento crescente é o cruzamento de informações em larga escala, visando descobrir tendências e fazer conclusões, que dificilmente seriam possíveis sem um aplicativo poderoso de análise multivariada. O conceito de *big data* está lentamente deixando os laboratórios e adentrando o mundo dos negócios. O termo *big data* se refere ao uso de análise preditiva, de comportamento de usuários, e outros métodos avançados de análise que extraem valor dos dados, não necessariamente relacionado a uma amostra predeterminada de um banco de dados[32].

O *big data* é um ativo de informação de alto volume, alta velocidade e/ou alta variedade que exige formas inovadoras e econômicas de processamento de informações, que permitem insights aprimorados, tomada de decisões e automação de processos[33]. Qualquer análise usando esse conceito, poderia ser qualificada por meio de cinco critérios: volume, variedade, velocidade, veracidade e valor, conforme descrito no Quadro 15.

O conceito do *big data* ainda está em desenvolvimento, mas já vem sendo usado em processos de recrutamento e seleção para analisar um vasto conjunto de variáveis de uma grande quantidade de candidatos, reduzindo o custo do recrutamento.

---

[32] Ver Zgurovsky e Zaychenko (2020, p. xiii).
[33] Conforme Gartner (2020). Disponível em https://www.gartner.com/en/information-technology/glossary/big-data. Acesso em 17/05/2020.

Quadro 15 • Propriedades de uma análise de *big data*.

Volume	Quantidade de dados gerados, armazenados, compartilhados e analisados.
Variedade	Quantidade de fontes, diversidade de dados que são analisados conjuntamente, aumentando a complexidade do cruzamento e das análises.
Velocidade	Rapidez com que o sistema consegue fazer as análises e apresentar as conclusões e as tendências no tempo necessário.
Veracidade	Grau de confiança nas informações geradas.
Valor	Utilidade da informação gerada.

Um LNT com *big data* seria essencialmente reativo. Ele não seria capaz de deduzir treinamento para projetos estratégicos ou mudanças de modelos de negócio. Sua aplicação seria um recurso para analisar e inferir necessidades de competências atuais. Para isso ele precisaria ser alimentado com um amplo conjunto de dados sobre as características dos empregados, quais sejam: relações, satisfação, prontidão e saúde, bem como outras características humanas e sociais que interferem no desempenho. Além disso, seria necessário cruzar com dados de resultado, como qualidade, produtividade, custo e segurança, de forma constante e em tempo real. Na medida em que esses dois conjuntos sejam viáveis de serem coletados e estejam disponíveis, a aplicação do *big data* para LNT será uma realidade, assim como já tem sido com o recrutamento de pessoas.

NECESSIDADES FACILMENTE IDENTIFICÁVEIS: PESQUISA ESTIMULADA

Existem situações que não justificam um esforço muito estruturado para o LNT. Isso pode ocorrer por diversos motivos:

a. A empresa não possui um profissional exclusivamente dedicado ao T&D.

b. O básico tem sido feito, embora existam solicitações das áreas.

c. Há poucos recursos para investir em treinamento.

d. A empresa deseja usar o treinamento como uma política de valorização das pessoas.

e. Já se conhece o que as pessoas precisam.

f. Os processos de trabalho são simples, não mudam e nem há perspectivas de mudança.

g. A organização atua em segmento econômico ou executa atividades regulamentadas.

h. A organização se encontra diante da implantação de modelos de gestão genéricos (como os sistemas de gestão baseados nas normas ISO).

i. As competências são adicionais, complementares, não obrigatórias, voltadas a novos funcionários ou a novas equipes, sendo que a proposição do desenvolvimento das pessoas é voluntária.

Algumas situações, como as apresentadas anteriormente, são típicas em pequenas e médias empresas ou em negócios cujos processos são estáveis, independentemente do seu porte. O pessoal que trabalha em usinas de geração de energia é um exemplo de grupo no qual a rotina de produção e manutenção é bem conhecida e, a não ser que haja uma atualização tecnológica ou algum programa, a rotina não se altera significativamente. Outro exemplo são empresas que estão em fase de forte crescimento. Os problemas começam a acontecer, pressionando a equipe de líderes na resolução de problemas com os quais nunca lidaram. Como o negócio está em plena rampa de crescimento, pode ser difícil se concentrar no desenvolvimento da equipe. Porém, se isso não for feito, os problemas podem se agravar. Então, a saída é trabalhar naquilo que mais incomoda, determinando prioridades.

As prioridades são estabelecidas por meio de um processo decisório, feito por uma pessoa ou por um grupo, a partir de uma relação ampla de alternativas. Como todo o processo é feito para ser simples e não demandar tempo, a escolha é feita por consenso ou votação. O consenso necessita de uma reunião das pessoas envolvidas, argumentação e escolha por aclamação. Já a votação, é um processo mais simples, que não exige o agrupamento das pessoas, pode rapidamente ser implementado e trazer respostas que o RH precisa para compor um plano de T&D.

O modelo de LNT apresentado a seguir é um formato de pesquisa estimulada. Nesse tipo de pesquisa, o pesquisado é confrontado com uma lista, previamente preparada, e sobre a qual terá que identificar sua opção. Essa lista pode ter uma das seguintes alternativas:

a. Incidentes críticos.

b. Competências faltantes.

c. Atividades de treinamento e desenvolvimento.

Conforme já comentado anteriormente, não é aconselhável saltar etapas em processos de diagnóstico. Tal qual uma consulta médica, ninguém deveria sair indagando por soluções sem ao menos conhecer algo sobre o problema. Então, a ordem de prioridade na escolha de soluções deveria seguir a sequência, de "a" para "c".

Uma pesquisa estimulada com incidentes críticos conteria as situações para as quais o respondente poderia ter dificuldades em lidar, como por exemplo:

- Dar feedback.
- Solicitar empenho extra.
- Resolver conflitos.
- Reorganizar a equipe.
- Divulgar más notícias.
- Fazer avaliações de desempenho.
- Treinar a equipe.
- Demitir um funcionário.
- Sancionar negativamente.

Se a pessoa vivencia essas situações, é fácil responder às questões, pois se relacionam com situações do trabalho.

O emprego dessa abordagem tem a vantagem de minimizar a possibilidade de o respondente esquecer de algo, o que poderia ocorrer se estivesse preenchendo uma simples solicitação de treinamento. Além disso, o respondente tende a se concentrar na lista, minimizando a tendência de solicitar o que ele deseja, e que a organização não percebe como efetivamente necessário. Dessa maneira, a pesquisa estimulada é uma alternativa melhor do que um LNT reativo em branco, no qual o solicitante precisa partir do zero para solicitar o que precisa.

Os temas podem ser levantados em conversas, entrevistas ou em grupos focais. Podem também ser obtidos por:

- consulta na internet;
- consulta com especialistas;
- definidos pela própria organização como parte de um processo de educação continuada.

As respostas do respondente não precisam ser do tipo Sim/Não (variável discreta), podendo ter uma escala que represente um grau de dificuldade (variável contínua). Uma escala de três pontos pode ser suficiente para o propósito, já que a simplicidade é o critério para decisão de uso dessa técnica. Assim, a cada incidente crítico, o respondente deverá marcar a alternativa que melhor refletir seu sentimento de dificuldade em lidar com a situação, como mostra o exemplo da Figura 28.

Figura 28 • Exemplo de escala em pesquisa estimulada.

Desligar um funcionário	Dificuldade	Alguma dificuldade	Nenhuma necessidade		Não sei	Não se aplica
Dar feedback	Dificuldade	Alguma dificuldade	Nenhuma necessidade		Não sei	Não se aplica
Solicitar empenho extra	Dificuldade	Alguma dificuldade	Nenhuma necessidade		Não sei	Não se aplica

A vantagem de usar os incidentes críticos é que são situações conhecidas, dispensando saber desdobrar competências ou identificar ações. Essa tarefa pode ficar por conta do profissional de RH, dos fornecedores de serviços de treinamento, ou de contratados para desenvolver o programa.

O Formulário 7 — Exemplo de Pesquisa Estimulada — apresenta um exemplo de pesquisa que foi elaborada para um grupo de líderes de primeira linha.

Formulário 7 • Exemplo de Pesquisa Estimulada.

 **PESQUISA ESTIMULADA DE NECESSIDADE DE TREINAMENTO**

Prezado colaborador,

Estamos fazendo um inventário das necessidades de desenvolvimento da média liderança. Precisamos de sua ajuda para determinar quais temas seriam os mais valiosos para melhorar o desempenho profissional do grupo. Dessa forma, indique, por favor, os temas que julgar serem necessários, marcando "X" nas colunas, conforme sua própria percepção da necessidade diante das seguintes situações.

Nome (não obrigatório):_____

	SITUAÇÃO	DIFICULDADE	ALGUMA DIFICULDADE	NENHUMA DIFICULDADE	NÃO SEI	NÃO SE APLICA
1.	Apresentar-me em público					
2.	Acompanhar e recuperar empregados de baixo desempenho					
3.	Participar de reuniões de forma produtiva					
4.	Comunicar de forma escrita					
5.	Comunicar verbalmente					
6.	Lidar com a pressão para obtenção de resultados					
7.	Sensibilizar as pessoas para a importância da segurança					
8.	Lidar com conflitos e situações delicadas					
9.	Agir como um incentivador e um agente de mudanças					
10.	Delegar autoridade					
11.	Interpretar relatórios e gráficos					
12.	Dar feedback para os empregados					
13.	Fazer coaching e prover aconselhamento de vida e carreira					
14.	Gerenciar o tempo de forma produtiva e efetiva					
15.	Aumentar o desempenho das pessoas e dos processos					
16.	Aplicar ferramentas da qualidade					
17.	Uso de recursos de informática					
18.	Gerenciar a competência e o desenvolvimento das pessoas					
19.	Equilibrar prioridades e recursos					
20.	Tomar decisões em situações críticas					

Use o espaço abaixo para sugerir alguma situação ausente na lista acima.

a)			
b)			
c)			
d)			

Obrigado!

Para tabular uma pesquisa estimulada é preciso evidenciar as opiniões mais contundentes daquelas menos enfáticas. As questões em que as respostas indicam uma necessidade mais profunda devem ter peso superior às questões que indicam um menor grau de necessidade. Uma maneira de analisar isso é fazendo uma média ponderada. A quantidade de respostas "Tenho dificuldade", de cada item no formulário anterior, deve ser multiplicada por um peso (2 ou 3, por exemplo), enquanto que nas respostas "Alguma dificuldade" o peso é 1. Para as demais respostas, em que não há dificuldade ou não se sabe, o peso é zero.

No exemplo a seguir, foi usado o peso 2 para calcular a nota para o incidente crítico "Desligar um funcionário".

Figura 29 • Exemplo de tabulação de resultados.

	Tenho dificuldade	Alguma dificuldade	Nenhuma necessidade	Não sei	Não se aplica	TOTAL
Desligar um funcionário	15	6	4	2	0	36
Dar feedback	5	10	11	1	0	20

O cálculo do total de pontos do exemplo da Figura 29, considerando o peso 2 para a alternativa "tenho dificuldade", aponta respectivamente, 36 e 20 pontos, para "desligar um funcionário" e "dar feedback". Então, a primeira alternativa de competência a desenvolver é mais prioritária que a segunda. Feito o mesmo raciocínio para todo o formulário, todas as questões serão pontuadas e o ranqueamento de prioridades estará feito. Para o desenho do evento, o profissional de RH deverá escolher, junto com representantes das áreas avaliadas, os itens que são viáveis de serem trabalhados em sessões de treinamento e desenvolvimento.

Outras aplicações, possíveis para a pesquisa estimulada, são treinamentos em áreas como:

▷ Ferramentas e metodologias de software: pessoal de TI.

▷ Máquinas e equipamentos: pessoal de manutenção.

▷ Disciplinas acadêmicas: professores.

▷ Metodologias da qualidade: técnicos, analistas e líderes.

▷ Temas para autodesenvolvimento: todos.

Bem estruturada e trabalhada, a pesquisa estimulada pode ser usada como uma estratégia de trilha de aprendizagem, servindo como referência para direcionar esforços de desenvolvimento individual. Algumas empresas, geralmente aquelas que dispõem de mais recursos, oferecem um cardápio de programas à escolha do próprio funcionário, que tem a liberdade para definir seu rumo de desenvolvimento.

NECESSIDADES PARA APLICAÇÃO DO TREINAMENTO: ANÁLISE DE RISCOS

Desde que o homem dominou os elementos da natureza para sobreviver, o fogo, a costura de peles, a fabricação de lanças e flechas, e a arte da caça, ele precisou desenvolver inúmeras competências técnicas e humanas. Selecionar pessoas competentes e ajustar essas competências no tempo para adaptá-las às novas realidades é um trabalho essencial para o sucesso organizacional, e mesmo da sociedade. Aprender constantemente foi, e continua sendo, uma condição essencial para a sobrevivência em todos os sentidos. Entretanto, apenas o aprendizado não é suficiente para garantir essa sobrevivência. As condições ambientais exercem uma influência crítica para que ele possa ser transferido, na forma de realizações, para o ambiente de trabalho, e também para o ambiente social.

Galileu Galilei é considerado o pai da ciência e contribuiu com diversos experimentos e induções que ajudaram a construir as bases da metodologia científica. No entanto, ele foi condenado, teve seus escritos queimados e morreu em prisão domiciliar, pois o momento em que ele viveu e desenvolveu seu pensamento era pouco receptivo às suas ideias[34]. Observando os tempos antigos, quantas pessoas de sabedoria extrema deixaram de aplicar seu conhecimento e sua intuição devido à falta de materiais, máquinas, energia e mesmo de apoio das lideranças para colocar suas ideias em prática?

Mesmo hoje em dia, com todo o conhecimento e a facilidade de acesso a ele — democratizado pela internet —, muito do que se conhece não é aplicado.

---

[34] Em discurso aos participantes na sessão plenária da Pontifícia Academia de Ciências, o Papa João Paulo II reconhece o erro da igreja, porém justifica a entidade dizendo que "[...]a representação geocêntrica do mundo era comumente aceita na cultura da época como totalmente consistente com o ensino da Bíblia". Ver João Paulo II (1992).

SITUAÇÕES E MÉTODOS DE LNT

O contexto no qual o indivíduo está inserido exerce influência sobre o indivíduo competente. O ambiente de aplicação é diferente do ambiente de aprendizagem. Essa fronteira tem sido pouco ultrapassada pelos profissionais de T&D[35]. Os motivos disso são vários e, quase todos, decorrem das características do papel que desempenham nas empresas hoje. Mas os efeitos desse distanciamento limitam o potencial de realização e os benefícios potenciais que poderiam ser decorrentes da aplicação da competência. Essa fronteira psicológica não deveria existir, pois de que adiantaria aprender para não aplicar? A maneira de eliminar ou minimizar isso, além da redefinição do papel do profissional de T&D, é considerar esses aspectos no processo, nos métodos, nas técnicas e nas ferramentas[36]. Eles devem incluir a coleta de dados e a análise dos riscos potenciais desses fatores para a tomada de decisão sobre a eventual atuação. Havendo decisão de atuação, os planos de ação devem ser preparados para minimizar os aspectos negativos e impulsionar aqueles que podem potencializar a nova competência adquirida. Enfim, é preciso fundir esses contextos e encarar o caldeirão fervente da dinâmica do negócio.

Essa análise, de recursos e aspectos potencializadores, deve ser feita o quanto antes, preferivelmente no momento do LNT[37] ou, no mais tardar, por ocasião do planejamento de realização. Evidentemente, quanto mais próximo do evento, menor capacidade de ação para intervir e preparar esses fatores.

---

[35] Dentre os erros mais comuns na avaliação de necessidades, Tobey inclui errar na identificação dos elementos "não treinamento" e errar em não educar os clientes internos nos elementos "não treinamento". Ver Tobey (2005, p. 154).

[36] Segundo Jack J. Phillips — a maior autoridade mundial quando o assunto é ROI de treinamento —, os aspectos que rodeiam o desempenho deficiente deveriam ser analisados na medida do possível, e podem incluir procedimentos, sistemas, liderança, clima, compensação e outros fatores. Ver Phillips (1997, p. 53).

[37] De maneira geral, os autores concordam que o momento mais adequado para fazer o levantamento de necessidades "não treinamento" (ou não aprendizado) é durante o momento do LNT. Ver Keeps e Stolovich (2008, p. 160); Tobey (2005, p. 2); Barbazette (2006, p. 17).

Figura 30 • Identificação de outras necessidades no LNT.

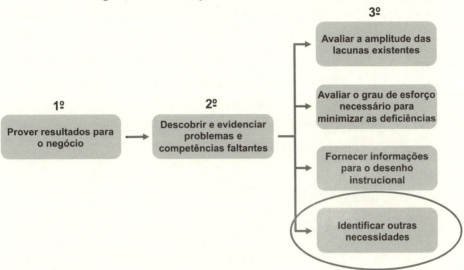

A análise deve ser feita juntamente com as lideranças hierárquicas e técnicas, quando os treinandos colocarão em prática a competência adquirida. Também podem ser consultadas outras pessoas envolvidas que possuam experiência no tema, ou na aplicação do mesmo tema.

Existem muitos aspectos que podem restringir, impedir e também potencializar a colocação em prática das competências. Esses aspectos podem ser relacionados ou agrupados em categorias[38]. Uma relação dos aspectos que podem ou não estar presentes ou exercer algum grau de influência é mostrada a seguir:

▷ **Momento adequado para aplicação**
- empreendimento;
- produto ou serviço;
- processo;
- falta de consenso da necessidade.

---

[38] Para Meneses e Zerbini, os aspectos "não treinamento" constituem de apoio que deve ser oferecido pela organização e se dividem em duas categorias, as questões de natureza técnico-estrutural e as de natureza psicossocial. Ver Meneses e Zerbini (2005).

▷ **Disponibilidade dos recursos**

- equipamentos e ferramentas;
- materiais;
- software aplicativos, telecomunicação, internet;
- local físico e mobiliário;
- mão de obra;
- energia, ar-condicionado, ar comprimido e outras instalações;
- recursos financeiros.

▷ **Aspectos organizacionais**

- falta de tempo;
- métodos e procedimentos de trabalho;
- definição de responsabilidades ou de funções;
- comunicação e alinhamento com envolvidos;
- licenças e autorizações legais ou corporativas.

▷ **Aspectos técnicos**

- suporte técnico;
- manuais, normas, literatura específica;
- outros treinamentos complementares.

▷ **Aspectos psicológicos**

- apoio motivacional;
- resistências internas;
- incentivos e recompensas (dinheiro, prestígio, crescimento);
- experiências anteriores positivas ou negativas;
- riscos de insucesso.

Esses elementos podem ser inseridos em um formulário para coleta e análise pelo profissional de T&D por ocasião do LNT, conforme mostra o Formulário 8 — Análise de Riscos em T&D. Esse formulário, ou uma versão mais simplificada dele, pode ser empregado juntamente com a solicitação ou com o projeto do treinamento.

Para ajustar o instrumento à realidade da empresa, podem ser removidos ou inseridos elementos de análise. O desenho do formulário é simples. Além dos critérios de análise, o instrumento destina espaço para planejar as eventuais intervenções, quando necessárias e se forem aplicáveis e viáveis.

A ausência de preparação no contexto e da disponibilidade dos recursos de natureza técnica, embora existentes, são mais raros de acontecer. Os elementos mais comuns e presentes nas empresas dizem respeito à falta de apoio da liderança e às questões de natureza psicológica, como a falta de disposição de correr riscos e as resistências internas. As barreiras podem existir na própria liderança, que tem que disputar prioridades e nem sempre quer se arriscar a mudar o *status quo*[39].

Evidentemente, o instrumento não tem o poder, por si só, de eliminar completamente os riscos de um treinamento não ser colocado em prática. Existem questões de natureza externa que fogem do controle ou do raio de atuação do profissional de RH, da liderança ou de qualquer outro envolvido. Porém, o simples fato de existir uma atenção a essas questões, e haver uma etapa para que sejam consideradas, já poderia neutralizar algumas condições mais óbvias de treinamentos impossíveis de serem colocadas em prática.

---

[39] Donald Kirkpatrick, que é considerado o pai da avaliação de resultados em treinamento, cita em seu livro *Evaluating Training Programs* que, para que mudanças ocorram é necessário que quatro condições sejam satisfeitas: a) a pessoa queira mudar; b) a pessoa saiba o quê e como mudar; c) a pessoa trabalhe em um bom ambiente; e d) a pessoa seja recompensada pela mudança. Ver Kirkpatrick (1998, p. 21).

Formulário 8 • Análise de Riscos em T&D.

ANÁLISE DE RISCOS EM T&D

1. Nome / Cargo	2. Área / Departamento	Treinamento ou Programa

PROBLEMAS OU OPORTUNIDADES

Preparação do alvo da aplicação	Intervenções	Responsáveis	Data
☐ Empreendimento / Unidade / Negócio			
☐ Produto ou serviço			
☐ Processo			
☐ Falta de consenso da necessidade			
Disponibilidade dos recursos	Intervenções	Responsáveis	Data
☐ Equipamentos e ferramentas			
☐ Materiais diretos ou indiretos			
☐ Tecnologias: software aplicativos, telecomunicação, internet			
☐ Local físico e mobiliário			
☐ Mão de obra			
☐ Energia, ar-condicionado, ar comprimido e outras instalações			
☐ Recursos financeiros			
Aspectos organizacionais	Intervenções	Responsáveis	Data
☐ Falta de tempo			
☐ Métodos e procedimentos de trabalho			
☐ Definição de responsabilidades ou de funções			
☐ Comunicação e alinhamento com envolvidos			
☐ Licenças e autorizações legais ou corporativas			
Aspectos técnicos	Intervenções	Responsáveis	Data
☐ Suporte técnico			
☐ Manuais, normas, literatura específica			
☐ Outros treinamentos complementares			
Aspectos psicológicos	Intervenções	Responsáveis	Data
☐ Apoio motivacional			
☐ Incentivos e recompensas (dinheiro, prestígio, crescimento etc.)			
☐ Experiências anteriores positivas ou negativas			
☐ Resistências internas			
☐ Riscos elevados			

ANALISTAS ENVOLVIDOS

Analista de Treinamento	Representante(s) da área	Data da análise

Algumas ações típicas para prevenir problemas na aplicação de treinamento são:

a. Se certificar de que haja uma intenção forte e determinada para que o treinamento ocorra e seja aplicado.

b. Realizar o treinamento no momento certo, com um bom horizonte de tempo pela frente para aplicação.

c. Prover suporte técnico, pois as dúvidas mais decisivas aparecem apenas após o treinamento.

d. Se certificar de que os recursos técnicos e humanos necessários para aplicação estejam disponíveis.

e. Garantir apoio da liderança imediata.

f. Minimizar o risco psicológico escolhendo pessoas motivadas.

g. Neutralizar tentativas de minar a colocação em prática.

h. Garantir que os participantes realmente estejam dispostos a aprender, correr riscos e arregaçar as mangas após o aprendizado formal em sala.

As intervenções não são apenas aquelas que agem sobre as causas potenciais dos fatores que poderiam colocar em risco a aplicação. Talvez, mais do que fornecer recursos, seja mais importante atuar nos fatores potencializadores positivos. Se apenas essas assertivas citadas forem respondidas positivamente e o evento for bem desenhado e executado, há uma boa chance de todo o esforço ser bem-sucedido e os resultados aparecerem.

O LNT NA ISO 9001 E OUTROS SISTEMAS DE GESTÃO

Muitas organizações possuem sistemas de gestão implantados e certificados. Depois do advento da norma ISO 9001, que no Brasil se iniciou com a publicação da ABNT NB 19001 em 1987, muitos outros documentos normativos foram elaborados e adotados em diversos segmentos econômicos. Isso impulsionou a elaboração de outros documentos, em outras áreas da gestão, como o meio ambiente, a saúde e segurança, a segurança de dados, a sustentabilidade, a responsabilidade social etc.

SITUAÇÕES E MÉTODOS DE LNT **163**

A norma ISO 9001 é a base das demais. Ela possui um capítulo pertinente ao tema treinamento que, na versão atual, é o 7.2 — Competência. É exigido que a organização determine a competência necessária das pessoas que realizam trabalhos sob seu controle, que afete o desempenho e a eficácia do sistema de gestão da qualidade.

Além disso, a norma ainda exige que a organização assegure que essas pessoas sejam competentes, com base em educação, treinamento ou experiência apropriados. Para isso, é necessário, quando aplicável, que sejam tomadas ações para adquirir a competência necessária, avaliar a eficácia dessas ações tomadas para comprovação de que a competência foi de fato desenvolvida. A última etapa do processo é o registro das competências adquiridas.

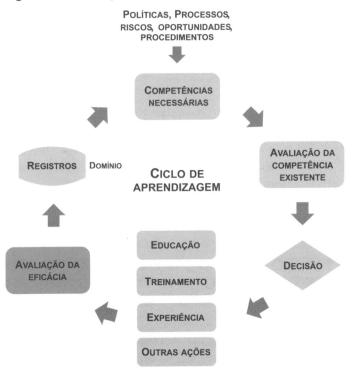

Figura 31 • Ciclo de provisão de competências, baseado na ISO 9001.

Toda implantação de sistema de gestão é o resultado de uma interpretação organizacional dos requisitos normativos. Então, é preciso entendê-los bem, para que não sejam cometidos erros em procedimentos de trabalho que não atendam à norma ou, pior, que não contribuam para o desenvolvimento da organização.

Em primeiro lugar, a determinação da competência necessária pode ser feita de diversas formas, em documentos internos e também obtidos de documentos externos, como, por exemplo:

▷ Descrições de cargo/função.

▷ Matrizes de habilidades.

▷ Procedimentos escritos.

▷ Instruções de trabalho.

▷ Manuais.

▷ Decretos, portarias, resoluções, normas internas.

▷ Planos e diretrizes de qualquer natureza.

▷ Legislação, contratos, normas e outras exigências externas.

A Norma NBR ISO 9000:2015 — fundamentos e vocabulário — define a competência como sendo a "capacidade de aplicar conhecimento e habilidades para alcançar resultados pretendidos". Por essa definição, é possível notar que a norma não inclui comportamentos e atitudes como componentes da competência. É um engano achar que uma empresa que adota a norma deverá se restringir apenas ao que ela prescreve. Na verdade, qualquer requisito interno pode ser acrescentado em um sistema de gestão, nesse ou em outro ponto normativo, desde que seja relevante.

Então, uma organização pode e deve incluir requisitos de competência comportamentais ou aptidões inatas, se forem essenciais para a execução dos processos e para a qualidade percebida de produtos e serviços. É o caso de empresas prestadoras de serviços como hospitais, escolas, creches, hotéis, restaurantes, dentre outros, onde o comportamento dos funcionários são elementos que impactam a satisfação de clientes, usuários e, eventualmente, outras partes interessadas. Além disso, a inclusão de comportamentos e atitudes pode ser um diferencial para uma organização que tenha a ambição de ser reconhecida como possuidora de uma gestão de desenvolvimento humano distinta.

Em segundo lugar, a garantia de que as pessoas sejam competentes pressupõe a implementação de algumas atividades não citadas explicitamente na norma, que são:

▷ avaliação das pessoas ante os requisitos de competência;

▷ identificação de deficiências;

▷ decisão sobre os pontos em que o treinamento ou outras ações de aprendizagem seriam aplicáveis.

Essas atividades precisam ser realizadas para cumprir o requisito, mas não estão no texto. Sem elas, as exigências não podem ser cumpridas isoladamente, pois não há como garantir nada sem alguma evidência objetiva, que resulte da comparação antes-depois dessas competências.

As atividades relacionadas antes compõem exatamente um LNT. Para isso, o profissional de RH pode usar uma versão Gap Analysis ou da Matriz de Habilidades, que são instrumentos já anteriormente descritos. A Matriz de Habilidades é um instrumento mais simples, mais adequado ao público operacional ou técnicos especializados. O Gap Analysis é mais estruturado e se aplica bem a analistas e a profissionais administrativos, que precisam ter um extenso repertório de competências para cumprir seu papel funcional.

A Matriz de Habilidades expandida, incluindo outras categorias de competência, pode ser uma solução simples e fácil de implantar para as famílias profissionais que são envolvidas nos sistemas de gestão (Figura 32 — Matriz de Competências). A partir dessa alteração, a matriz deixa de ser de habilidades e passa a ser uma Matriz de Competências.

Figura 32 • Matriz de Competências.

MATRIZ DE COMPETÊNCIAS								
Gerência:	CONHECIMENTOS			HABILIDADES			COMPORTAMENTOS E ATITUDES		
	Conhecimento 1	Conhecimento 2	Conhecimento 3	Habilidade 1	Habilidade 2	Habilidade 3	Comportamento 1	Comportamento 2	Comportamento 3
Funcionário 1									
Funcionário 2									
Funcionário 3									
Funcionário 4									
Funcionário 5									
...									
Funcionário n									

Área de registro das competências

LEGENDA

Diversas matrizes podem ser montadas para avaliar e classificar o domínio das competências das pessoas de diferentes equipes. Essa classificação é registrada por meio de uma simbologia específica, no cruzamento entre indivíduos e pessoas, evidenciando as lacunas de competência.

O substantivo "ações" na norma ISO 9001 é genérico e amplia as possibilidades de formas de aprendizado. Então, embora a norma indique apenas a educação formal, o treinamento e a experiência, como maneiras de adquirir as competências identificadas, outras possibilidades, como visitas, aprendizagem pela ação, *coaching*, vivências, *job rotation,* dentre muitas outras, deveriam ser consideradas nas ações do desenho instrucional.

Quanto à avaliação de eficácia, ela pode ser feita por meio de observação não estruturada da chefia (sem formulário), ou em auditorias internas. Como a norma não exige a guarda do registro da avaliação de eficácia, mas apenas da competência adquirida, esse é um procedimento aceitável em um sistema de gestão da qualidade. Se usada a matriz de competências, o registro se faz pela simbologia apropriada ("Ok", por exemplo) que indica que a pessoa está apta para executar um trabalho ou possui o domínio das competências que sua posição exige. É bom lembrar que uma instrução ou treinamento pode não ser eficaz. Então, é preciso reconhecer a existência de um ciclo de aprendizagem contínuo, para que o domínio seja atingido.

Como um último lembrete, e mais uma vez citando a tomada de ações para satisfazer as necessidades de competência, podem existir condições necessárias para aplicar os conhecimentos e as habilidades no trabalho. Tais recursos, bem como outras condições essenciais, são aspectos sem o qual a competência jamais será aplicada. Isso faz delas possíveis alvos para atenção da área de T&D e de outras áreas afins. Sem aplicação não haverá transferência de conhecimento para o ambiente de trabalho e, consequentemente, não haverá resultado de qualquer natureza.

QUANDO O LNT ESTRUTURADO NÃO É INDICADO

De maneira geral, o LNT estruturado é sempre indicado, pois a sistematização é fundamental para gerar confiança e credibilidade. Existem também muitas outras vantagens operacionais, como a manutenção da memória resgatável do processo. No entanto, em ambientes organizacionais muito dinâmicos e turbulentos, a falta de previsibilidade pode impedir uma estruturação metodológica mais consistente.

Isso não significa que os métodos estruturados, como vários aqui descritos, não sejam válidos. O que invalida sua aplicação é o risco de o trabalho se perder, devido às mudanças do contexto do trabalho, da mão de obra, dos projetos em curso, das orientações estratégicas e de outros movimentos de natureza mercadológica ou tecnológica. O ambiente de incerteza, em um mundo de constante mutação, exige adaptação rápida, o que requer decisões estratégicas e táticas intuitivas e frequentes.

Plano de treinamento por estimativa

Em um caso extremo, e se a organização possui recursos, a alternativa é fazer o LNT não por competência e nem por temas, mas por estimativa do investimento. Isso pode ser feito com base no investimento histórico, em condições normais ou semelhantes, ou por meio de estimativa baseada em projetos e acontecimentos futuros. Sua composição consiste da provisão financeira ou em termos de quantidade de horas de aprendizado por funcionário. Essas estimativas podem servir de referência para conduzir os eventos à medida que forem sendo necessários. O plano de treinamento resultante não é deliberado, mas emergente. Ele se define e toma forma ao mesmo tempo em que é realizado.

Com base em uma análise de cenário, o profissional de RH pode propor à organização manter, reduzir ou aumentar o volume investido, e/ou o esforço em treinamento interno e sem orçamento. Essa sugestão pode parecer estranha à primeira vista, pois vai contra o sentimento comum de que o planejamento é fundamental em qualquer situação, até mesmo naquelas em que há maior turbulência. Entretanto, já existe consenso que mesmo a gestão estratégica, que possui um elevado potencial de impacto nos negócios, se desestrutura, passando do deliberado para o emergente, em momentos de alta volatilidade, turbulência e incerteza[40].

Como o ambiente é dinâmico, os pressupostos para que um LNT emergente exista é a flexibilidade, a delegação e os processos mais soltos, o que não exclui a responsabilidade e a justificação devidas. Para evitar o mau uso dos recursos, as solicitações devem ser feitas de maneira formal, com o uso de formulários de solicitação que contenham as justificativas mínimas e necessárias, tal qual como exemplificado no Formulário 9 — Solicitação de Treinamento (exemplo preenchido do próximo capítulo). Além disso, não se trata apenas de liberar dinheiro e

---

[40] Mintzberg denomina esse tipo de estratégia de escola do aprendizado. A estratégia emergente contrasta diretamente com a escola do planejamento, que tem a previsibilidade do ambiente como o principal fator diferencial. Ver Mintzberg, Ahlstrand e Lampel (2000, p. 133–172).

treinamento em gotas, conforme a necessidade. Um processo intrínseco de aprendizagem deve acontecer para que o RH encontre critérios de fazê-lo de forma alinhada e consistente com as intenções estratégicas que, provavelmente, também serão emergentes. Embora haja um potencial de engano e desperdício, as chances de realizar treinamentos apenas do que se precisa aumenta substancialmente. Em ambientes de incerteza há muito mais chances de sucesso do que se apegar a um plano feito no ano anterior.

Como fazer diante da falta de recursos financeiros

Se a organização não possui recursos, a saída natural é a realização pontual em temas escolhidos, analisados e decididos caso a caso. Isso caracteriza uma gestão contingencial do treinamento. Essa prática já é comum nas empresas em momentos de crise e contenção de gastos. A decisão óbvia é se concentrar nos treinamentos obrigatórios, geralmente na área de segurança e saúde ocupacional e aqueles compulsórios exigidos pela legislação ou pelo cliente. Esses tipos de necessidade são facilmente identificáveis e decididos, pois a empresa não tem alternativa senão fazê-los. O profissional de RH é subutilizado, pois não há análise ou qualquer outro trabalho de valor agregado. Dessa forma, e se for o caso, o levantamento de necessidades e a operacionalização podem ser delegados às próprias áreas responsáveis.

Embora isso possa ser necessário em momentos de crise, provavelmente é uma alternativa que não se sustenta em longo prazo, pois as necessidades de desenvolvimento de pessoas estão muito além do cumprimento de exigências mínimas. Por isso, a melhor estratégia é justificar o investimento provando seu retorno. Se ele realmente existe, mesmo que tenha sido estimado de maneira conservadora, pode ser justificável levantar recursos externos se o potencial de ganho for substancial.

Como última alternativa, diante da falta de recursos, é a aplicação de treinamento mesmo sem custo direto envolvido. Mesmo que a maioria dos temas não seja oferecida no mercado sem custo, treinar e aprender é um hábito que deveria ser mais incorporado e praticado, até em temas que não sejam de aplicação direta no trabalho. O LNT será provavelmente mais direcionado para a disponibilidade do que propriamente a necessidade. A título de exemplos, a aprendizagem sem custo pode ser obtida por meio de:

> ▷ Repasse de conhecimento e habilidade internos: procedimentos, metodologias, técnicas específicas e já dominadas.

- ▷ Entidades de classe (SENAI, SESC, SENAR, SENAT etc.): cursos gratuitos.
- ▷ Universidades: cursos oferecidos sem custo algum.
- ▷ Organizações não governamentais, as ONGs.
- ▷ Clientes: metodologias proprietárias, resolução de problemas.
- ▷ Empresas parceiras: profissionais de empresas próximas ou com bom relacionamento.
- ▷ Autoestudo: pesquisa de soluções, metodologias e tecnologias.
- ▷ Participações: negociações, discussões internas, voluntariado.
- ▷ Vivências: participação em grupos de melhoria, implantação de projetos, inovação, experimentação.

A inclusão ou a constituição de um plano de formação com essas atividades pode manter o esforço em treinamento ativo, ou mesmo aumentá-lo. São alternativas realmente valiosas para a promoção de formação de pessoas, sem custo ou com despesas mínimas de realização. E, para o profissional de RH, quanto maior for o repertório técnico ou comportamental de alternativas de ofertas, maior será a disponibilidade e a prontidão de oferecer respostas às demandas dos clientes internos.

Treinando para um futuro incerto e nebuloso

Existem inúmeras condições que causam muita incerteza na liderança. Não apenas as ameaças, mas também as oportunidades e as tendências do mercado podem exigir decisões difíceis de tomar. E, diante da insegurança em tomar uma decisão errada, muitas organizações acabam preferindo adiá-las ao máximo. E, infelizmente, o medo e a indecisão não acabam depois da decisão tomada.

Quando simplesmente esperar não é a solução, o RH pode preparar a equipe para as mudanças que provavelmente acontecerão, baseadas nas habilidades e nas competências comportamentais básicas. Alguns exemplos são:

- ▷ Mudanças e gestão da mudança.
- ▷ Adaptabilidade.
- ▷ Flexibilidade.
- ▷ Desenvolvimento de equipes.
- ▷ Gestão de projetos.

- Empresa ou líder do futuro (ou do amanhã).
- Indústria 4.0.
- Línguas.
- Palestras sobre temas da atualidade.
- Domínio de sistemas informatizados.
- Economia digital.
- Negociação horizontal.
- Gestão estratégica.
- Indicadores de desempenho.
- Gestão de conflitos.
- Relacionamento interpessoal.
- Visitas técnicas.
- Cursos de extensão (pós-graduação).

Essa incerteza acaba chegando facilmente aos níveis mais operacionais, provocando insegurança e temores que podem se tornar crônicos. Ameaças externas, como novos concorrentes e mudanças no perfil dos clientes, ou fraquezas internas, como obsolescência de equipamentos ou de produtos, são os tipos de situações que podem afetar a produtividade. A concepção de programas desenhados para preparar o público para uma nova realidade desvia o foco da atenção. Se antes se pensava apenas nos riscos da mudança, agora, se o programa for bem desenhado e implementado, o grupo estará refletindo sobre uma nova realidade.

QUESTÕES PARA DISCUSSÃO E SUGESTÕES DE APLICAÇÃO

a. Por que é aconselhável que o profissional de RH utilize vários métodos de LNT para preparar um plano de treinamento?

b. Quais os sentidos (direções) em que uma análise organizacional pode ser feita para uma análise de necessidades de treinamento?

c. Por que o profissional de T&D precisa monitorar dois indicadores diferentes quando implementa um programa de treinamento com foco em resultado?

d. Qual a diferença entre identificar necessidades de desenvolvimento de competências usando um gap analysis e uma matriz de habilidades?

e. Quais são as vantagens e as desvantagens de usar pré-teste como uma técnica de LNT?

f. (Aplicação) Fazer um plano de treinamento usando, pelo menos, cinco métodos de LNT (ou três, se houver poucos recursos).

- Desdobramento estratégico.
- T&D para resultados.
- Survey.
- Grupo focal.
- Gap analysis.
- Matriz de habilidades.
- Avaliação de desempenho.
- Task analysis.
- Pré-teste.
- Task analysis & cronograma de projeto.
- LNT documental.
- Pesquisa estimulada.
- Análise de riscos.

g. Quando e por que não é viável a realização de um LNT estruturado?

h. Qual é o papel do profissional de T&D na preparação de um plano de treinamento?

i. Qual é a diferença principal entre o gap analysis e uma avaliação de desempenho?

j. (Questão para debate) Por que uma avaliação de desempenho não pode ser empregada concomitantemente para recompensar pessoas e identificar necessidades de treinamento?

PARTE

PLANO DE TREINAMENTO

01

02

03

04

OBJETIVO DO CAPÍTULO

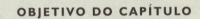

O objetivo deste capítulo é discutir e apresentar alternativas metodológicas consistentes para construir um plano de treinamento, desenvolvimento e aprendizagem orientado à organização.

Um plano consistente, sintético e estruturado é essencial para que a liderança estratégica compreenda as razões para investir em pessoas e esclarecer os diferentes tipos de resultados potenciais esperados com o montante aplicado.

*"Grandes realizações
são possíveis quando se dá
atenção aos pequenos começos."*

Lao-Tsé

PLANO DE TREINAMENTO

O QUE FAZ PARTE DO LNT

O plano de treinamento é o documento que consolida as informações necessárias para ser apresentado à liderança com poder decisório e obter sua aprovação. Ele deve conter informações que possibilitem a análise e sirvam de entrada para o desenho instrucional ou a contratação de serviços na etapa de implementação.

Um plano de treinamento é, basicamente, um conjunto de quadros e tabelas contendo os eventos ou os programas, bem como as informações relacionadas. Uma relação de elementos, que pode servir de referência para sua formalização, é apresentada a seguir. A quantidade de campos da tabela pode ser escolhida desta lista, complementando com outros que porventura possam ser úteis.

▷ **Relacionados ao contexto**
- problema ou oportunidade;
- área/departamento/gerência e gestor responsável;
- objetivo e resultado esperado;
- tipo de treinamento (ver Tipologia de Treinamentos na página 190).

▷ **Relacionados ao aprendizado necessário**

- competências;
- treinamento, desenvolvimento ou educação;
- público-alvo;
- foco: pontos relevantes e forma de abordagem.

▷ **Relacionados ao planejamento**

- método de LNT que foi usado;
- prioridade;
- data/período previsto para realização;
- local/unidade;
- interno/externo;
- custo estimado;
- analista responsável.

▷ **Relacionados à avaliação do resultado**

- variável a ser mensurada;
- meta (se houver);
- responsável pela mensuração;
- mês previsto para a mensuração.

Se a empresa não contar com um sistema informatizado para a gestão de treinamento, uma tabela pode ser construída para consolidar os eventos identificados no LNT. A Tabela 3 — Dados do Plano de Treinamento — mostra essa estrutura, que pode ser feita em planilha eletrônica.

Já a Figura 33 — Organização e hierarquia de um Plano de Treinamento —, sugere uma forma de estruturar um plano de treinamento, segundo um desdobramento de eventos. Os campos da tabela complementam as denominações.

Figura 33 • Organização e hierarquia de um Plano de Treinamento.

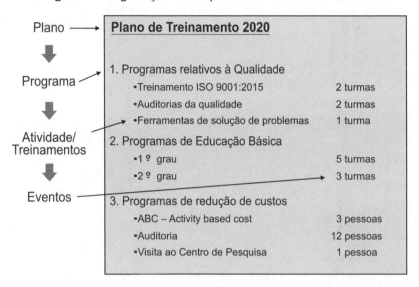

O plano de treinamento é um documento no qual se consolida dados e se determina os recursos financeiros necessários, para facilitar a análise e a aprovação pela liderança estratégica. É um documento que deveria ser constantemente atualizado, pois devido às mudanças no ambiente de trabalho, várias revisões provavelmente deveriam ser feitas.

A ordenação por eventos é a configuração típica mais empregada. No entanto, a adoção de uma tipologia tem mais capacidade de evidenciar o perfil do investimento, como será visto mais adiante.

Na ausência de um sistema informático, a construção de uma tabela de eventos, como a Tabela 3, pode ajudar na gestão da realização e da avaliação dos resultados.

Tabela 3 • Dados do Plano de Treinamento.

	Contexto					Aprendizado necessário		
Problema ou oportunidade	Área/ departamento/ gerência e gestor responsável	Objetivo e resultado esperado	Tipo de treinamento	Competências		Nome do treinamento, desenvolvimento ou educação	Público-alvo	Foco: pontos relevantes e forma de abordagem

	Planejamento						Avaliação do resultado			
Método de LNT	Prioridade	Data/período de realização	Local/ unidade	Interno/ externo	Custo estimado	Analista responsável	Variável a ser mensurada	Meta (se houver)	Responsável pela mensuração	Mês previsto para a mensuração

REDAÇÃO DE OBJETIVOS INSTRUCIONAIS

A discussão dos objetivos instrucionais é recorrente e faz parte das definições necessárias para elaboração de planos de treinamento. Porém, quando feita, é uma questão que frequentemente remete a dúvidas. Provavelmente, muitos profissionais de T&D já devem ter percebido que, quando indagam sobre o objetivo do treinamento ao seu interlocutor, mesmo que seja uma pessoa experiente e bem instruída, não costumam ouvir uma resposta incisiva, imediata e convincente. Ao contrário, quando a pergunta é feita, uma nuvem obscura parece tomar conta da entrevista e o gestor parece "travar as quatro rodas"! Isso, por si só, é um sinal de que algo não está bem esclarecido. A reflexão sobre o objetivo é crucial, pois uma resposta metodológica é necessária.

A redação de objetivos é um dos elementos da elaboração de um plano de treinamento e, por isso, merece atenção especial. Uma boa redação pode contribuir para tornar a busca do resultado mais tangível. Porém, se malfeita, pode dificultar essa identificação ou indicar um objetivo completamente diferente daquele pretendido.

Objetivos são definidos como descrições de resultados esperados da aprendizagem[1]. Um objetivo bem definido orienta as estratégias de aprendizagem, influencia o desenho instrucional, podendo afetar praticamente toda a especificação, além do planejamento do processo de aprendizagem, como recursos didáticos, instrutores, agrupamento de participantes e níveis das avaliações[2].

Como os resultados podem ser de vários tipos, os objetivos também podem ter diferentes possibilidades, pois remetem aos resultados esperados. Isso talvez explique por que a questão sobre o objetivo do treinamento seja tão difícil de ser esclarecida: ela remete a várias possibilidades.

Resultados acontecem em uma reação em cadeia em diversos níveis. Cada uma delas tem pessoas envolvidas com seus próprios objetivos. O Quadro 16 — Objetivos básicos dos atores envolvidos com o T&D — apresenta pontos de vista, os envolvidos e seus objetivos básicos. A analogia de cada envolvido permite evidenciar quantas respostas são possíveis ao se pensar sobre o objetivo instrucional.

---

[1] Ver Abbad *et al.* (2006, Capítulo 15, p. 290).

[2] Ver Plattner (2007).

Quadro 16 • Objetivos básicos dos atores envolvidos com o T&D.

Ponto de vista	Ator envolvido	Objetivo Básico
Atividade	Responsável da logística de eventos	☑ Realizar os eventos ☑ Satisfazer os envolvidos
RH	Analista	☑ Aumentar competências ☑ Desenvolver pessoas
Processo de ensino	Instrutor/Facilitador	☑ Cumprir o programa ☑ Satisfazer as pessoas
Indivíduo/Participante	Participante	☑ Gostar da experiência ☑ Aprender
Equipe e Gestor	Cliente interno	☑ Dispor de pessoas competentes ☑ Cumprir objetivos
Organização	Liderança estratégica	☑ Alcançar resultados
Parte interessada externa	Parte interessada externa	☑ Ser incluído ☑ Ser respeitado ☑ Usufruir dos benefícios

Diante de tantas possibilidades, é fácil entender a dificuldade de responder à questão sobre o objetivo do treinamento. Todos, ou vários deles, podem ser verdadeiros para um mesmo evento. Diante disso, qual objetivo escolher no momento de definir um plano de treinamento? Uma escolha precisa ser feita, podendo ser:

a. não escolher objetivo algum/deixar em aberto: é uma escolha evasiva pois, ao final, será escolhido o objetivo que mais se apresentar favorável;

b. o mais fácil de obter: privilegia a comodidade, ou os recursos/o tempo disponíveis;

c. aquele que foi solicitado: é a opção passiva e descompromissada, focada na satisfação do solicitante;

d. o objetivo organizacional: opção bastante recomendada na literatura de T&D, sobretudo depois do paradigma do RH estratégico;

e. um conjunto de vários objetivos: opção de alto valor simbólico e de poder de convencimento e credibilidade;

f. o objetivo correspondente ao mais elevado nível de autoridade possível: consiste em escolher aquela alternativa focada no maior poder decisório possível, interno ou externo, iniciando pelas autoridades legais (externo), Conselhos de Administração, lideranças estratégicas, gerenciais, técnicas e operacionais, por exemplo.

Evidentemente, as alternativas "a" a "c" deveriam ser evitadas, enquanto as alternativas "d" a "f" deveriam ser privilegiadas para justificar investimentos progressivamente maiores. Dentre todas, a alternativa "f" é a que melhor equilibra meios e fins, e contribui de forma positiva para a organização e sua sustentabilidade. Isso indica que existe uma hierarquia natural para a escolha do objetivo de um treinamento. A maior prioridade é a legalidade, portanto, os treinamentos exigidos por lei, contratuais ou estatutários, devem ser cumpridos a tempo para que a organização não sofra sanções e acabe por ter que fazê-los a um custo muito maior. No contexto interno, a escolha recai sobre o maior objetivo básico possível. Se esse se mostrar inviável, o profissional de RH deve escolher os níveis mais baixos (mais acima no quadro). Isso significa uma adesão aos objetivos mais prioritários para a organização, relacionados no Quadro 17, e não pura e simples submissão da escolha à autoridade ou ao solicitante.

Uma vez escolhido o objetivo básico, é preciso convertê-lo em um objetivo mais específico, de acordo com os dados e o contexto do tema. Nesse momento esbarra-se em uma segunda dificuldade, que é como redigir objetivos. Se o processo for deixado solto, o resultado pode ser diverso do imaginado.

Segundo Robert Mager[3], um objetivo bem definido é uma frase sucinta, que deve ter três características: desempenho, condição e critério. O desempenho é descrito como sendo um verbo e um objeto. *Desmontar uma peça*, por exemplo. A condição poderia ser, também como exemplo, *embaixo do equipamento*. O desempenho seria o atributo principal, pois é dele que se extrai o resultado tangível. Para isso, é absolutamente indispensável que o verbo seja uma ação observável. A condição diz respeito à situação em que o resultado deveria ser atingido. O critério é um requisito de qualidade, a balança sobre o qual o resultado será mensurado. Então, a fórmula de um objetivo bem descrito é:

Verbo + Objeto + Condição + Critério

A título de exemplo, imagine um nadador que precise fazer uma travessia de mil metros. Para um atleta treinado, isso não é muito. No entanto, uma coisa é fazer a travessia em um mar calmo, num país tropical. Outra coisa bem diferente é fazê-la em um mar agitado, contra a correnteza e na água gelada. Finalmente, o critério é o padrão de comparação para determinar a qualidade com que o objetivo foi

---

[3]   Ver Mager (1976).

alcançado. Usando o exemplo ilustrativo do atleta, se ele estiver participando de uma prova seletiva para participar de uma Olimpíada, então haverá um tempo mínimo para cumprir a prova, acima do qual, será considerado não qualificado. O critério é o filtro final, que define se o participante será ou não considerado apto, ou se o resultado é considerado válido para classificar o treinamento como efetivo.

O Quadro 17 apresenta exemplos de objetivos instrucionais, para cada objetivo básico que havia sido identificado no quadro anterior, segundo a estrutura proposta por Mager.

Quadro 17 • Exemplos de objetivos instrucionais, segundo o padrão de Mager.

Objetivo Básico	Objetivo Específico (exemplos)	
Cumprir o plano	1.	Realizar os treinamentos programados, em ritmo normal de trabalho, dentro do orçamento e do prazo.
Aumentar competências	2.	Prover a competência necessária da equipe de manutenção, para realização de manutenções preventivas de acordo com o plano mensal e evitar intervenções corretivas.
Desenvolver pessoas	3.	Contribuir para a melhoria do desempenho médio da equipe em 5% até o final do ano corrente.
Cumprir o programa	4.	Ministrar o curso de liderança para a equipe de eletricistas novatos e obter aprovação de todos na avaliação final.
Satisfazer as pessoas	5.	Satisfazer as expectativas dos participantes do curso de NR-10, no quesito do instrutor, obtendo um mínimo de 75% na avaliação de reação.
Gostar da experiência	6.	Receber manifestações positivas dos participantes da Formação de Líderes, da primeira turma, possibilitando estender a formação para outras equipes.
Aprender	7.	Aprender a utilizar o sistema do departamento pessoal e emitir a folha de pagamento, sem erros de lançamento.
Dispor de pessoas competentes	8.	Atender os requisitos da descrição de cargos dos Analistas de Custos, em pelo menos 85%.
Cumprir objetivos	9.	Garantir o atendimento aos chamados de suporte de TI do call center, com pelo menos 90% dos chamados fechados em menos de 15 minutos.
Dar resultados	10.	Cumprir a execução das ações do plano estratégico do trimestre dentro do prazo planejado.
Ser incluído	11.	Reduzir os acidentes de trabalho (relacionados a membros superiores do corpo) em pelo menos 50% após o programa.
Ser respeitado	12.	Garantir que todos os empregados sejam digitalmente incluídos, nas ferramentas informáticas básicas, até o fim do ano.
Usufruir dos benefícios	13.	Manter as qualificações exigidas por lei atualizadas dentro do prazo de vencimento.

Uma alternativa para evitar a dificuldade de redigir objetivos é adotar uma tipologia padrão, focada na perspectiva organizacional. Dessa forma, o profissional de T&D cria e se apoia em uma heurística convenientemente desenhada para classificar cada programa e evento, em uma perspectiva da empresa, em vez de se utilizar de uma questão aberta, como é o caso comum e típico, presente nos formulários usuais de solicitação de treinamento.

A tipologia proposta mais à frente no tópico Tipologia de Treinamentos fornece uma solução dessa natureza.

ANÁLISE DO PÚBLICO-ALVO

Uma das atividades que fazem parte do LNT é a análise do público-alvo. Ter pleno conhecimento das características das pessoas que serão treinadas é fundamental para a construção da atividade. A forma com que determinados grupos aprendem é essencialmente diferente. *Grosso modo*, estamos habituados a lidar basicamente com três públicos: operacional, técnico e gerencial. O operacional é o público com formação até segundo grau. Os técnicos são especialistas em suas áreas de formação superior. Já o público gerencial é o mais exigente que, além de formação e experiências de vida mais diversificados, possui facilidade de argumentação e é um crítico apurado. Enfim, a análise do público-alvo pode desencadear uma série de decisões no processo de aprendizagem[4], tais como:

> ▷ decidir a retórica de convencimento;
> ▷ identificar a linguagem;
> ▷ definir o foco e as atividades práticas;
> ▷ escolher o perfil do instrutor;
> ▷ escolher local e acomodações;
> ▷ definir a distribuição das pessoas em turmas;
> ▷ definir pré-requisitos;
> ▷ custo ou tamanho do investimento a ser feito;
> ▷ identificar a necessidade de criar exemplos ou materiais específicos;

---

[4] Mais informações sobre decisões a partir do público-alvo podem ser vistas em Barbazette (2006, p. 97).

- ▷ comentários, brincadeiras e alusões a evitar;
- ▷ decidir pela necessidade da presença de um líder na abertura/encerramento;
- ▷ definir o cardápio das refeições e *coffee break*;
- ▷ decidir pelo tipo de suporte ou apoio para a aplicação.

Além dos grupos mencionados, podem existir outros que, devido a suas particularidades, podem necessitar de alguns cuidados específicos. Por isso, o profissional de RH deve estar atento, procurando caracterizá-los de forma a adequar o processo de aprendizado, e evitar escolhas e abordagens que possam vir a prejudicar o andamento da atividade. Existem escolhas que ajudam, porém existem escolhas que atrapalham e podem ser até desastrosas.

Os grupos e os aspectos apresentados a seguir são algumas impressões levantadas em mais de 25 anos de experiência de trabalho com grupos de treinamento, em empresas de todos os segmentos econômicos e portes, no Brasil e também no exterior. Não são descrições generalizadas e não têm propósito orientativo, mas apenas de fazer aflorar no profissional de RH a ideia da importância de perceber o grupo e prescrever elementos que impulsionem o processo e o aprendizado.

Quanto ao posicionamento na estrutura

- ▷ **Operacional**: tendem a ignorar conceitos, indo direto para o como fazer; a linguagem precisa ser a mesma que usam em seu dia a dia; tendem a ser respeitosos, abertos e atentos ao que se ensina e com quem ministra o evento; tímidos, precisam ser estimulados a falar e participar.
- ▷ **Técnico:** são as pessoas que transferem conhecimento; precisam de conceitos para fazer escolhas; cargas horárias mais densas e conteúdo contextualizado.
- ▷ **Gerencial:** conceitual e abstrato; valorizam pessoas com cultura e preparo superior; cargas horárias curtas, porém intensas; são exigentes também nos elementos complementares como local e comida; tendem a ser vaidosos e valorizam experiências exclusivas.

Quanto à faixa etária

▷ **Juniores — entre 16 e 25 anos:** mais dificuldade de concentração; mais difícil controlar o uso do smartphone; exigem atividades dinâmicas, criativas e participativas; são críticos com detalhes.

▷ **Plenos — entre 26 e 44 anos:** têm mais paciência para ouvir, desde que seja um tema interessante e que agregue; são dispostos a esperar até o fim para ver o resultado final do evento; são críticos na aplicabilidade e na utilidade do conteúdo.

▷ **Seniores — mais de 50 anos:** precisam de atenção e espaço para se manifestar; tendem a acreditar que já passaram por tudo e que muito do que se ensina hoje é o mesmo de sempre, porém "repaginado"; por isso podem desprezar conhecimentos novos e continuar fazendo as coisas da mesma forma.

Quanto ao gênero

▷ **Masculino:** tendem a ter mais dificuldade de concentração, fazem mais apartes e brincadeiras; aprendem rápido; menos paciência que as mulheres em atividades na aula e frequentemente não completam os exercícios até o fim; são mais exigentes quanto à quantidade da alimentação (coffee break); valorizam a informalidade.

▷ **Feminino:** tendem a ser mais pacientes e dedicadas em atividades de sala; são bastante sensíveis quanto à qualidade do curso e do instrutor; geralmente se comunicam mais, exigindo atenção quanto ao cumprimento do horário; são mais exigentes quanto à diversidade da alimentação (coffee break); valorizam um ambiente de respeito.

Quanto à formação educacional

▷ **Primeiro grau ou menos:** normalmente pessoas simples e de origem humilde; maior dificuldade de compreensão de conceitos e teorias; são abertos e tendem a respeitar pessoas de "nível" mais elevado; dificuldade em lidar com tecnologia; didática mais pedagógica do que andragógica.

▷ **Segundo grau e Superior:** conciliam conceitos com prática com facilidade; não precisam de explicações passo a passo muito detalhadas; adaptam exercícios e trabalhos dentro do seu próprio contexto; didática alternada entre pedagógica e andragógica.

▷ **Pós-graduação:** público exigente, impaciente e questionador; podem chegar a questionar o papel do instrutor, o programa, a condução e mesmo a utilidade da formação; podem abandonar o curso sob alguma justificativa se o programa não lhe agradar; didática andragógica.

▷ **Formação em ciências humanas:** visão holística das coisas; valorização da experiência e dos aspectos humanos; alguma dificuldade com matemática, cálculos e processos segmentados; valorizam a participação e o sentimento das pessoas e se constrangem facilmente por alguma situação delicada; valorizam os aspectos qualitativos; são tolerantes a eventuais erros contornáveis.

▷ **Ciências exatas:** visão fragmentada em etapas, níveis, processos; raciocínio lógico e analítico apurado; bastante racionais e críticos no propósito e na forma; estão sempre procurando formas de fazer a mesma coisa com o menor esforço; valorizam os aspectos quantitativos e fazem questão de acertar as questões e os exercícios formulados; tendem a tratar erros com sarcasmo.

Grupos específicos

▷ **Grupos funcionais homogêneos:** normalmente já se conhecem e têm grande afinidade, porém os grupos já estão formados e eventualmente há necessidade de diversificar a interação; os materiais, o foco e, sobretudo, a linguagem, devem ser necessariamente contextualizados.

▷ **Turma heterogênea:** trata-se de um contexto de público para se trabalhar em um evento; pode funcionar melhor em eventos de caráter comportamental; há um risco considerável de o instrutor não conseguir atender a nenhum dos públicos presentes, devido ao problema de foco, conteúdo e linguagem; uma alternativa é subdividir o grupo ou focar o grupo predominante, porém com atividades adaptadas aos demais.

▷ **Cultura local:** além de cuidados na linguagem, podem ser necessários cuidados, ou mesmo evitar, alterações na condução ou ajustes de última hora; algumas regiões são bairristas, pouco flexíveis e valorizam mais aquilo que vem da própria região, do que o que vem de fora; algumas comparações podem ser mal recebidas; pode haver diferenças nos horários e na comida a ser servida nos intervalos.

▷ **Servidores públicos:** apreciam experiência na área pública e não valorizam exemplos em outros segmentos econômicos, sobretudo da indústria; o ambiente tende a ser mais formal, politizado e hierarquizado; são exigentes quando à fundamentação conceitual do conteúdo.

▷ **Restrições de horários:** alguns grupos não podem fazer cursos fora do horário normal; outros têm horários mínimo para chegar na sala e máximo para permanecer nela (horários de ônibus, ou fechamento do local); participantes de outras localidades podem ter dificuldade para chegar no horário no primeiro dia e para sair no último dia.

▷ **Antagonismos:** atualmente essas questões estão bastante afloradas na sociedade brasileira; se o treinamento for realizado para participantes que possuem um posicionamento comum e conhecido, isso provavelmente não será problema; o que pode ser perigoso são pequenos grupos com posicionamentos divergentes, polêmicos ou antagônicos; basta uma pequena objeção para que uma discussão se transforme em um debate acalorado, tirando completamente o foco do treinamento.

▷ **Pessoa com Deficiência — PcD:** necessidades específicas de acesso e formas de comunicação; exigem cuidados relativos à sua condição; não apreciam comparações e valorizam a inclusão; um instrutor jamais deve fazer qualquer tipo de brincadeira que envolva sua condição.

▷ **Disposição e entrega:** grau de abertura do grupo em relação ao tema, ao processo de aprendizado, à liderança etc. As experiências anteriores ou o momento organizacional podem determinar o grau de abertura ou resistência para participar do processo.

O profissional de RH não deve usar essa relação como uma entrada para o desenho instrucional, mas apenas como um insight para levantar suas próprias impressões do público-alvo ao fazer um LNT.

TIPOLOGIA DE TREINAMENTOS

Tudo, absolutamente tudo, é passível de ser submetido a algum tipo de classificação. Seja no ambiente doméstico ou no trabalho, tanto do mundo físico, mental ou virtual, estamos classificando as coisas. Em nossa casa temos os cômodos, as roupas, os sapatos, os utensílios, a comida e até mesmo as pessoas. Tomando as roupas como exemplo, temos duas grandes categorias: as limpas e as sujas. Para cada qual há um local específico e uma ação decorrente. As limpas podem ser guardadas em cabides ou dobradas. Se em cabides, elas devem ser adequadamente penduradas. Se dobradas, normalmente vão para as gavetas. As roupas dos cabides também podem ser classificadas. Roupas de uso geral e diário costuma ficar em locais com maior facilidade de acesso, tal como acontece com os sapatos. Já as vestimentas de festas ou para ocasiões especiais podem ficar mais atrás, em outros guarda-roupas de acesso mais limitado. As roupas dobradas também são classificadas. Camisetas e pijamas podem ocupar uma gaveta. Roupas íntimas ocupam outra. Também parece conveniente que as roupas para a prática de esportes fiquem juntas.

No ambiente de trabalho a situação é idêntica. A começar pelas divisões organizacionais e funcionais. Existem departamentos que refletem especializações comuns. Os cargos de retaguarda e de linha de frente, de liderança e operacionais, área-meio e área-fim, horistas e mensalistas etc. Os produtos, materiais e documentos também seguem sistemas de classificação que identificam área, clientes, cronologia, tempo de guarda, prazo de validade etc. Enfim, usamos a classificação em tipos para qualquer coisa que lidamos.

Mas por que classificamos as coisas? Existem vários motivos, e os principais parecem ser para:

> ▷ **facilitar a identificação;**
> ▷ **facilitar o acesso;**
> ▷ **definir a condição;**

▷ **definir a destinação;**

▷ **estabelecer critérios para a tomada de decisão.**

As classificações são importantes a ponto de serem alvo de estudos. Nos estudos acadêmicos, a disciplina de estudos se denomina taxonomia[5]. Na vida cotidiana, chamamos simplesmente de categorias. No campo da gestão organizacional elas são particularmente relevantes para estudar o processo decisório, pois a criação de categorias predefinidas facilita a tomada de decisão. Diante de uma situação, em que uma decisão precisa ser tomada, as questões típicas são: "o que fazemos nesses casos?" e "o que fizemos da última vez?". Embora essas questões sejam limitadas, suas respostas ajudam a iniciar o julgamento para determinar cursos de ação. A categorização de situações e decisões é denominada de heurística[6]. Esse termo pode ser usado tanto como substantivo, como na frase *essa classificação é uma heurística*, como adjetivo, tal como a frase *essa relação é heurística*.

Quanto à atividade de treinamento e, mais objetivamente com o LNT, as tipologias são úteis para criar as categorias comuns. Dessa mesma forma, certamente podem auxiliar o profissional de T&D a compreender um pouco de sua natureza e a realizar o seu trabalho de maneira ágil e produtiva. A existência da divisão em categorias no T&D evita a reanálise e procura por soluções para as situações conhecidas e recorrentes. Isso facilita também a definição de regras e políticas, facilitando sua divulgação e entendimento.

Existem várias classificações de treinamentos e todas têm uma finalidade e utilidade específica. Observando as práticas usuais, os treinamentos têm sido classificados em:

▷ Conhecimento, Habilidade ou Atitude — CHA.

▷ Estratégico, Gerencial, Técnico, Operacional.

▷ Interno ou Externo.

▷ Teóricos, Práticos, Vivenciais.

---

[5] Em todas as disciplinas acadêmicas existem taxonomias e a mais significativa delas é a que classifica os seres vivos, que compreende Reino, Filo, Classe, Ordem, Família, Gênero e Espécie. Ela foi inicialmente proposta em 1735 pelo botânico e médico sueco Carl Von Linné, e posteriormente evoluída por outros cientistas.

[6] Embora Bazerman critique as heurísticas, ele reconhece sua aplicação extensiva e sua utilidade, ao afirmar que *"[...] a heurística oferece aos administradores e a outros profissionais pressionados pelo tempo um modo simples de tratar com um mundo complexo, usualmente produzindo julgamentos corretos ou parcialmente corretos"*. Ver Bazerman (2004, p. 8).

- ▷ Com custo ou sem custo.
- ▷ Presencial ou a distância.
- ▷ *On the job training (OJT)* ou em sala de aula.
- ▷ Instrutor interno ou contratado.
- ▷ Curta ou longa duração (abaixo e acima de 4 horas, p. ex.).
- ▷ Educação formal: fundamental/mínima ou complementar.
- ▷ Na mesma localidade/localidade próxima, ou em localidade distante.
- ▷ Presencial ou a distância.

A categorização das competências e dos eventos de aprendizagem, focados em Conhecimento, Habilidade ou Atitude, o CHA, pode ser considerada a tipologia mãe da área de T&D[7].

Uma vez determinadas as categorias dos treinamentos, as providências ou as ações típicas podem ser definidas, podendo incluir:

- ▷ a forma de realizar o LNT;
- ▷ o formato do desenho instrucional;
- ▷ a contratação e a modalidade de contratação dos serviços;
- ▷ a logística, como sala e material didático;
- ▷ as tecnologias de aprendizagem;
- ▷ antecedência da convocação;
- ▷ as reservas de passagem, hotel, alimentação e transporte;
- ▷ o processo e o responsável pelo acompanhamento e pela gestão;
- ▷ como registrar a realização;
- ▷ que tipo de resultado esperar, quem vai mensurar e como mensurar;
- ▷ como avaliar o resultado.

Todas essas categorias, bem como suas decorrências, são típicas e bastante comuns. Elas são importantes para a operacionalização dos processos. Os profissionais de recursos humanos se valem delas no seu dia a dia para executar as tarefas,

---

[7] Rodrigues Jr. ressalta que a aprendizagem não acontece em compartimentos, mas a classificação nos domínios Cognitivo, Afetivo e Psicomotor contém um mérito didático e reconhece sua utilidade e importância para planejar, executar e avaliar treinamentos. Ver Rodrigues Jr. (2006).

cumprir o plano de treinamento e desenvolver pessoas. O problema dessa tipologia é exatamente essa, ela é operacional. O ambiente operacional é o extremo oposto do ambiente estratégico. Na operação existem detalhes que são irrelevantes na gestão estratégica. Na operação, o LNT e a avaliação de resultados se constituem de atividades de análise. Já a gestão estratégica, precisa de síntese, para a compreensão da realidade e a tomada de decisão. O dia a dia estratégico é o do resultado e não o da tarefa. Isso explica um pouco do distanciamento da alta liderança da atividade de treinamento. Elas conversam em línguas diferentes. Assim, embora toda tipologia típica, normalmente empregada, seja importante para o dia a dia do RH, ela não possui relevância para a liderança estratégica. Muitos planos de treinamento, para não dizer a grande maioria, não são capazes de inferir os resultados do investimento. Em um ambiente pragmático, que é característico do estratégico, isso chega a ser insano. É preciso então uma tipologia que contenha uma perspectiva mais adequada a uma visão de alto nível. É isso que se propõe na tipologia que é apresentada a seguir.

Gestores estratégicos são focados no resultado. Além disso, os líderes estratégicos são os gestores dos recursos. Portanto, é natural que qualquer solicitação de investimentos tenha que ser devidamente justificada. Então, qualquer heurística que pretenda caracterizar eventos de aprendizagem deve ter um foco no propósito e em seu potencial de retorno.

A tipologia a seguir foi desenvolvida no início dos anos 2000, durante a redação de um procedimento de treinamento[8]. Desde que foi criada, ela evoluiu para ajustar a linguagem e aumentar sua capacidade de tipificação dos eventos de aprendizagem.

Qualquer ação de treinamento, desenvolvimento e aprendizagem pode ser classificada em uma das seguintes categorias, prioritariamente:

---

[8] A tipologia foi criada pelo próprio autor, durante um projeto de consultoria na empresa Pimenta de Ávila Consultoria, em Belo Horizonte, no ano de 2001. Ela tem sido levada a centenas de empresas em eventos na área de T&D e foi tema de sessão técnica no Congresso Brasileiro de Treinamento e Desenvolvimento no ano de 2011. Ver Oribe (2011).

Valorativo

Tem como função beneficiar ou satisfazer as partes interessadas no negócio — os stakeholders —, que podem ser funcionários, seus familiares, fornecedores, comunidade e outros envolvidos, sem intenção de obter alguma vantagem tangível para a organização. Nessa categoria não são esperados retornos concretos, mas devolver à sociedade parte daquilo que a empresa obtém por meio de seu funcionamento. De maneira geral, esse tipo ainda está pouco presente nos programas de treinamento.

Informativo

Consiste em manter a liderança ou o pessoal técnico atualizado quanto a métodos de trabalho, evolução da tecnologia, novos processos de gestão, mercado e outras tendências, que possam ser úteis para o negócio. A princípio, esse conhecimento será utilizado para a tomada de decisão, para evitar o risco de obsolescência, e não para aplicação imediata do tema que se aprende. Pode-se dizer que os eventos do tipo Informativo são exploratórios, pois seu resultado em termos de aprendizagem é superficial, na forma de insights, porém importantes para decidir a continuação do desenvolvimento do saber.

Normativo

Os treinamentos normativos existem para cumprir requisitos de competência. Essas outras exigências podem ser externas como legislação, contratuais, regulamentares, certificações profissionais; ou internos como competências mínimas dos cargos, das funções, de programas específicos, das normas e procedimentos etc. Mais do que ganhos adicionais, os treinamentos normativos podem provocar perdas significativas de toda ordem, se não forem realizados nos prazos, ministrados por pessoas qualificadas e conforme as prescrições predeterminadas. Tipicamente, a maior parte dos eventos em planos de treinamentos é desse tipo.

Humanista

Nesse tipo incluem todos os eventos realizados com o propósito de melhorar ou manter o ambiente psicossocial colaborativo, respeitoso, seguro, organizado, motivado; enfim, humanamente saudável para pessoas e equipes. A identificação dos eventos foi decorrente do entendimento da organização como um grupo social. As pessoas são o princípio, o meio e o fim de toda organização. Por isso, o que se busca nessa categoria é sua satisfação e bem-estar. O resultado é verificado, sobretudo, no rosto das pessoas. Há sempre uma forte pressão sobre o RH para aumentar o investimento nessa categoria.

Pragmático

Nesta categoria se enquadram todos os eventos que são idealizados e realizados com o propósito de obtenção de resultados concretos e mensuráveis. Tanto as competências quanto os treinamentos não são um fim em si, mas um meio para alcançar objetivos tangíveis. Se esses objetivos deixarem de existir, o esforço para a obtenção das novas competências, bem como os treinamentos especificados, não fazem mais sentido. Aqui, os recursos destinados à aprendizagem podem ser considerados, literalmente, como investimentos. Pouquíssimos eventos pertencem a essa categoria. Isso explica em parte o ceticismo da liderança estratégica em investir mais no treinamento e no desenvolvimento de pessoas.

O Quadro 18 apresenta um resumo da tipologia, apelidada de TOP, que é uma alusão a uma expressão mais precisa, porém mais longa e menos sonora, de Tipologia de Treinamento na Perspectiva Organizacional. Este quadro posiciona o propósito em primeiro plano, seguido por outros fatores típicos da prioridade na agenda organizacional, o que pode ser alterado, se necessário.

Quadro 18 • Resumo da tipologia TOP.

Propósito	Tipo	Resultado	Exemplos
1. Melhorar **resultados** da organização	Pragmático	Resultados; valor agregado	Satisfação de clientes Melhoria contínua Redução de perdas MASP
2. Desenvolver um **ambiente** mais humano	Humanista	Comportamentos e atitudes desejados	Relacionamento interpessoal Motivação 5S Qualidade de vida no trabalho
3. Atender aos **requisitos** de competência	Normativo	Conformidade	Membros de CIPA Treinamento na função Treinamentos de segurança Uso de sistemas informáticos MOPP (Motoristas) CPA-10 (Bancos)
4. Manter os conhecimentos técnicos e de gestão atualizados	Informativo	Atualização	Congressos Seminários Fóruns e Encontros Visitas técnicas
5. Satisfazer **desejos e interesses** das partes interessadas	Valorativo	Satisfação das pessoas	Ensino fundamental Coleta seletiva Eventos culturais (cinema e teatro) Finanças pessoais Inclusão digital

Existem basicamente três grandes benefícios ao adotar essa tipologia na gestão de T&D:

a. **definir o perfil do investimento em treinamento;**

b. **escolher adequadamente o método de avaliação de eficácia;**

c. **estruturar a equipe de T&D.**

Definição do Perfil do Investimento em Treinamento

O primeiro objetivo e benefício da tipologia é definir o perfil do investimento em T&D. O perfil é revelado quando se verifica a distribuição percentual do esforço em treinamento, entre as categorias. Essa distribuição pode ser feita com dados, previstos e efetivados, sobre:

- ▷ valores financeiros;
- ▷ quantidade de homens × hora (H×H);
- ▷ quantidade de eventos;
- ▷ quantidade de participantes.

O Quadro 19 apresenta e compara quatro exemplos de perfis de investimento. Cada um foi elaborado dentro de um contexto diferente. Em seguida, são descritas as características de cada plano em particular.

Quadro 19 • Exemplos de perfis de investimento em T&D.

Tipo	Plano 1	Plano 2	Plano 3	Plano 4
Pragmático	70%	15%	17%	3%
Humanista	20%	55%	15%	20%
Normativo	2%	5%	13%	52%
Informativo	8%	20%	55%	25%
Valorativo	–	5%	–	–

O Plano 1 concentra investimentos do tipo Pragmático. Essa distribuição permite inferir que a empresa que o elaborou possui elevadas expectativas de resultados organizacionais. Já o Plano 2 indica que parecem existir problemas comportamentais, reais ou potenciais, significativos a tal ponto que recebeu 55% de todos os investimentos. O Plano 3 parece indicar um esforço de incorporação de novas tecnologias ou, então, uma certa permissividade no uso de recursos. Finalmente, o Plano 4 mostra uma distribuição mais concentrada na manutenção ou construção de competências especificadas. Pouco investimento será feito para a obtenção de resultados, porém valores razoáveis serão empregados para o desenvolvimento comportamental e de novos conhecimentos. Esse plano, o de número 4, é o que pode ser denominado de plano típico. Excluindo momentos de crise financeira ou econômica, grande parte das empresas brasileiras gasta seus recursos com treinamento mais ou menos dessa forma[9].

A distribuição da verba nos cinco tipos é reveladora. Ela permite vislumbrar, de forma clara, qual é o retorno que cada tipo tem o potencial de dar. É possível inferir facilmente o perfil do investimento, pois a simples distribuição possui um elevado poder de síntese e, portanto, de compreensão de como o esforço em aprendizagem está sendo empreendido.

Além disso, esse formato também facilita movimentar os recursos de acordo com o momento, fazendo transferências de verba de uma categoria a outra. Dessa forma, o plano de treinamento tem uma identidade própria que o caracteriza e o define. A liderança estratégica consegue verificar se ele reflete bem seu estilo de gestão, a cultura organizacional e o momento competitivo ou econômico. Isso propicia uma sofisticação que os modelos de planos, em uso atualmente, não possuem.

Escolha do Método de Avaliação de Eficácia

O segundo objetivo do uso dessa tipologia é ajudar a escolher o método de avaliação adequado para cada tipo. Em uma perspectiva pedagógica, todos os treinamentos propiciam resultado. Afinal, as pessoas saem diferentes após cada nova experiência de aprendizagem. No entanto, na perspectiva organizacional, sabe-se que o resultado é mais difícil de obter, pois um longo caminho terá que ser percorrido entre a sala de treinamento e os gráficos de indicadores dos *dashboards* de resultado.

Os modelos de análise de treinamento mais consagrados da literatura são os quatro níveis de Donald Kirkpatrick, e o nível 5 de Jack Phillips. Recentemente, o nível do Retorno das Expectativas das partes interessadas — *Return on Expectations, ROE* —, de James Kirkpatrick, foi acrescentado. Eles avaliam, respectivamente:

> ▷ **Nível 1 — Reação: satisfação do participante.**

> ▷ **Nível 2 — Aprendizado: grau de conhecimento e habilidades desenvolvidos pelo participante.**

---

[9] No momento em que este livro estava sendo escrito, a pandemia da Covid-19, provocada pelo coronavírus, desencadeou o fechamento temporário de empresas, resultando em uma queda da atividade econômica. Esse é o tipo de contexto que faz desabar o investimento em treinamento.

CAPITAL HUMANO

▷ **Nível 3 — Comportamento: mudanças de hábitos observáveis.**

▷ **Nível 4 — Resultados: ganhos concretos e mensuráveis.**

▷ **Nível 5 — ROI: retorno do investimento em percentual (Phillips).**

▷ **Nível 6 — ROE: benefícios às partes interessadas, normalmente externas[10].**

Um cruzamento entre os cinco tipos de treinamento e os principais métodos de avaliação mencionados pode ajudar a determinar qual método seria mais adequado para cada situação. Uma configuração típica é apresentada no Quadro 20.

Quadro 20 • Matriz de escolha de métodos de avaliação.

Tipo de Treinamento / Nível de Avaliação	Nível 1 Reação	Nível 2 Aprendizagem	Nível 3 Comportamento	Nível 4 Resultados	Nível 5 ROI	Nível 6 ROE
Pragmático	X	—	—	X	X	—
Humanista	X	—	X	—	—	—
Normativo	X	X	—	—	—	—
Informativo	—	X	—	—	—	—
Valorativo	X	—	—	—	—	X

Nas linhas estão as categorias da tipologia, enquanto nas colunas estão os níveis de avaliação de resultados de treinamento. A indicação com X nas células da matriz significa que o método é aplicável para o tipo de treinamento. Já o traço significa que o método não seria, a priori, indicado para aquele tipo, embora até possa ser eventualmente feito.

A configuração da matriz, bem como suas variáveis — Tipos e Níveis — pode ser ajustada segundo o contexto e a política da organização. Isso confere flexibilidade ao modelo, podendo ser configurado a qualquer situação. Por exemplo, se a empresa não investe em eventos com o propósito exclusivo de beneficiar os stakeholders, então o ROE poderia ser eliminado da matriz.

---

[10] Donald Kirkpatrick considera o ROE como o *ultimate level* (último nível) do nível 4. Aqui denominamos de nível 6, uma vez que os stakeholders estão, em sua maioria, fora das fronteiras organizacionais.

A adoção desse modelo é feita inserindo a tipologia no procedimento de treinamento nos formulários e relatórios. A empresa que o adota pode ter à sua disposição um conjunto mais amplo e consistente de métodos de avaliação, sem ter que utilizar todos para cada evento realizado. Apenas os métodos mais adequados para cada tipo de treinamento seriam obrigatórios.

A classificação dos treinamentos em um dos cinco tipos deve ser feita no momento em que eles são identificados ou planejados. Dessa forma, a avaliação será imediatamente definida. Essa definição prévia do método de avaliação já no plano anual de treinamento, ou seja, a priori, ajuda a planejar as etapas de avaliação. Além disso, o potencial de ganho é mais bem evidenciado do que a definição, feita após a realização do treinamento.

O Formulário 9 apresenta um modelo de solicitação de treinamento, preenchido com dados fictícios. Após o preenchimento do treinamento solicitado, o profissional de T&D analisa o potencial de resultado e classifica com o tipo que, no caso, foi definido como Resultado (Pragmático). Ao consultar a matriz do Quadro 20, se deduz que esse tipo de evento deve ser avaliado em nível 4 e 5. Após algumas indagações, os dados de resultados previstos devem ser inseridos nos campos apropriados para esses níveis. O responsável e a data prevista para realização complementam o planejamento da avaliação. A avaliação de reação (nível 1) não necessita ser planejada, pois sua aplicação é simples e quase uma regra unânime em todos os eventos, em todas as empresas.

Formulário 9 • Solicitação de Treinamento (exemplo preenchido).

▶ qualypro	SOLICITAÇÃO DE TREINAMENTO

Solicitante

Empresa: *Empresa Fictícia S.A.*	Gerência/Processo *Diretoria de RH*	Data *15/5/2017*

Treinamento ou desenvolvimento solicitado

Gestão de Custos para RH

Indicar eventuais restrições de data, horário, recursos etc.

Devido à dificuldade de interrupção, o pessoal pode ser ausentar por apenas 4 horas diárias.

Quantidade/lista de participantes

Analistas de RH (33 participantes - lista anexa)

Entidade sugerida: *SR Capacitação*

Data sugerida: *2º semestre de 2017*

_____*Fulano de Tal*_____   *15* / *05* / *17*
SOLICITANTE   DATA

RH e solicitante

Classificação	Situação Geradora da Necessidade
☐ Requisito de Competência	Gap Analysis? ☐ sim ☐ não ☒ Necessidade específica ☐ Programa
☒ Melhorar resultado	*Desdobramento estratégico realizado pela Diretoria de RH usando grupo focal.*
☐ Desenvolver atitudes e consciência	
☐ Atualização/Informação	

Avaliação da Eficácia

~~Aprendizado~~	~~Comportamento~~	Impacto	ROI
~~Teste:~~	~~Indicador:~~	**Indicador:** *Quant. Treinamentos avaliados em Nível 4 e 5*	**Investimento:** *R$8.000,00*
~~Nota mínima:~~	~~Nível atual:~~		**Benefício bruto:** *R$50.000,00*
~~Resp:~~	~~Nível esperado:~~	**Nível atual:** *0%*	**ROI esperado:** *525%*
	~~Resp:~~	**Nível esperado:** *10%*	**Resp:** *Eduardo - Controladoria*
		Resp: *Coord. De T&D (Ana)*	

☐ Avaliação Individual   ☒ Avaliação coletiva   Quant. avaliações: Data:

RH

Previsão de Despesas

		Parecer:
Valor da inscrição:	*R$5.000,00*	
Despesas com viagem:	*R$2.500,00*	*A realização do evento está aprovada.*
Outras despesas:	*R$500,00*	
TOTAL do investimento:	*R$8.000,00*	
Verba disponível:	*R$35.000,00*	_____*Maria Ana Costa Richter*_____ *22* / *05* / *17*

Gerência RH   DATA

Estruturação da equipe de T&D

A terceira aplicação para a tipologia TOP é a divisão dos eventos entre a equipe de T&D, configurando uma estrutura com foco organizacional.

Quando a empresa tem porte suficiente para ter uma equipe de T&D, a estruturação mais comum é aquela que posiciona um profissional de RH à disposição de cada área. Dessa maneira, os funcionários daquela divisão terão um único interlocutor para discutir a gestão de treinamento e desenvolvimento.

Outra maneira de dividir a equipe é por especialidade. Um profissional se encarrega da área técnica, outro da gerência, outro dos treinamentos externos etc. Esse é um arranjo que tem como vantagem a possibilidade de especialização.

Entretanto, há ainda uma possibilidade mais interessante, que é a distribuição da equipe pelos tipos apresentados: Pragmático, Normativo, Humanista, Informativo e Valorativo. Existem, pelo menos, três vantagens nessa disposição:

▷ Facilita a discussão, pois o profissional de T&D tem a formação ideal segundo a natureza e o propósito do evento.

▷ Não fragmenta o processo de T&D, já que o profissional acompanha o evento desde a sua elaboração até a avaliação de resultados.

▷ Potencializa o resultado, como consequência dos aspectos citados anteriormente.

É possível perceber que, em cada categoria, há um tipo de perfil profissional ideal para atuação. O Quadro 21 compara as competências, a formação ideal e o papel funcional para cada tipo.

Quadro 21 • Especialização do profissional de T&D por tipo.

Tipo	Competências	Formação ideal	Cargo/Função
Pragmático	Negócio Análise de processos e financeira Foco em resultados ROI de Treinamento	Generalista Administração, Engenharia, e outras disciplinas do negócio	Consultor Interno *Business Partner (BP)*
Humanista	Desenvolvimento de pessoas e equipes Dinâmicas de Grupo CAV Psicodrama Gamificação	Psicologia Pedagogia	Analista de Desenvolvimento de Pessoas
Normativo	Operacional Agilidade e produtividade Processos da empresa *On the Job Training*	Formação na área de negócio da empresa Experiência técnica	Analista de Desenvolvimento Profissional ou de Educação Continuada
Informativo	Mercado de Treinamento Procedimentos de contratação	Sem formação específica	Auxiliar administrativo
Valorativo	Responsabilidade Social Corporativa Educação básica e complementar	Pedagogia Serviço Social	Analista de Desenvolvimento Social

Já se sabe que a gestão por processos, disseminada pela Gestão da Qualidade, é mais vantajosa que a gestão pela estrutura funcional piramidal. A horizontalização dos processos derruba fronteiras departamentais e funcionais e transfere melhor as informações de uma etapa à outra. Dessa forma, o mesmo profissional que fez o LNT também acompanha a realização do evento e avalia o resultado.

A Figura 34 — Perfis profissionais adequados aos níveis de avaliação de resultados de T&D — apresenta um modelo de estrutura da equipe de T&D. O pano de fundo são os níveis de avaliação de resultados em treinamento. Os cortes pontilhados mostram os tipos de técnicas de avaliação que precisam ser dominadas pelo profissional de T&D. Ao lado de cada tipo é indicada a formação educacional ideal para executar a avaliação com naturalidade.

Figura 34 • Perfis profissionais adequados aos níveis de avaliação de resultados de T&D.

Não se deseja, com as comparações do Quadro 21, limitar a atuação de profissionais com diferentes tipos de formação e nem padronizar o papel deles na empresa. Mas a existência de uma equipe multidisciplinar é sempre positiva no RH, desde que seja possível. O modelo de estrutura representa uma forma inovadora de potencializar a competência e o viés decorrente da formação do profissional de RH. Em empresas de menor porte, a adoção da tipologia talvez tenha uma utilidade ainda maior. Como a estrutura é bastante limitada, poucos profissionais têm que fazer tudo. Então, a tipologia pode ajudar a distinguir e escolher aquilo que exige e merece mais atenção, possibilitando foco. Quanto aos demais tipos, considerados de menor prioridade, podem ser realizados, porém com a gestão e avaliação de maneira descentralizada, transferindo para as áreas e os solicitantes parte das atividades que o RH normalmente faria.

ANÁLISE DE VIABILIDADE

Embora muitos gaps de competência e ações de aprendizagem possam ser identificados, em um esforço coletivo de LNT, nem sempre é viável tratar tudo o que foi levantado e registrado. Em face da existência de inúmeros pontos de vista, sobre indivíduos e equipes, é bem provável que uma infinidade de competências, aparentemente necessárias, se revele a cada olhar. Essa quantidade de lacunas de competência pode ser tão grande que seria inviável atuar em todas elas.[11]

Dentre os motivos que justificariam a inviabilidade de atuação do RH, para o desenvolvimento de pessoas em lacunas de competência, estão, por exemplo

1. **Falta de tempo**

   Em qualquer equipe há um volume máximo de treinamento que ela é capaz de participar por ano. As pesquisas nacionais e norte--americanas mostram que é difícil passar de quarenta horas anuais na média, embora algumas empresas cheguem até a três ou quatro vezes mais que isso. A falta de tempo, embora muito questionável, é uma realidade nas equipes enxutas e naquelas pressionadas por resultados.

2. **Falta de recursos financeiros**

   No Brasil, os valores investidos em treinamento por pessoa por ano são insignificantes se comparados a países desenvolvidos. Um dos motivos talvez seja a fraca cultura do aprendizado que reina na grande parte das empresas. Aprender parece ser perda de tempo. Mesmo o treinamento interno, cujo custo é bastante inferior se comparado ao treinamento contratado, não é fácil de realizar. Os sindicatos que representam os trabalhadores parecem não colocar o treinamento na pauta de negociações.

3. **Gaps pontuais**

   Quando alguma competência tem um baixo nível de ocorrência, ela pode ser pontual demais para receber a atenção da equipe de RH. A não ser que seja relevante e tenha sido encontrada em uma pessoa chave, a única forma de tratar a questão é pelo autodesenvolvimento, estimulado por um feedback adequado. Porém, isso é feito pelo próprio funcionário e provavelmente não terá acompanhamento.

---

[11] Para Barbazette, uma análise de viabilidade pode identificar se a aplicação do treinamento custa menos do que não fazer nada. Ver Barbazette (2006, p. 62).

4. **Dificuldade de compreender a necessidade**

Nem tudo o que é apresentado, identificado ou manifestado pode ser compreendido. Relações humanas são complexas e muitas atitudes são inconscientes e veladas. São fenômenos dinâmicos e que estão em constante movimento. Pode ser frustrante ter que deixar um problema identificado de lado. Mas talvez o problema não esteja maduro o suficiente. Haverá provavelmente um momento oportuno e convergente quando todas as partes envolvidas tenham adquirido uma clareza maior do problema. Se é que o problema não desapareça por si só. Em relações humanas temos que pensar também na possibilidade de que uma intervenção pode até piorar um problema.

5. **Alto risco de insucesso**

Carga horária muito curta; indicação dos participantes errados; início ou encerramento de etapas importantes; indisponibilidade de recursos, suporte técnico e apoio institucional; conflitos conceituais, de interesse; disputas de poder; fracassos recorrentes, são todos exemplos de situações em que o treinamento não receberá a atenção necessária para ter as chances adequadas de sucesso.

6. **Baixo potencial de resultado**

Embora uma necessidade da competência ou do treinamento possa ter sido bem identificada e quantificada, o investimento pode ser inviável devido à sua baixa prioridade em relação a outras necessidades.

FORMATO DE APRESENTAÇÃO

Um plano de treinamento pode ser apresentado basicamente em formato impresso, em papel, ou ser construído em sistemas informáticos, conforme os campos exigidos pelo próprio sistema.

Como o plano será submetido à análise e à filtragem pela liderança estratégica, é recomendável que ele contenha dados mínimos, porém suficientes, para fundamentar a tomada de decisão. Além dos elementos citados, no tópico: O que faz parte do LNT — duas coisas podem influenciar a liderança a aprovar o plano: o potencial de retorno e o formato de apresentação. Um potencial de retorno elevado, e em variáveis relevantes, tem um poder consideravelmente alto de influenciar uma aprovação positiva de ações de aprendizagem específicas e do plano. Evidentemente, isso pode não se sobrepor a outras prioridades organizacionais. Porém, um treinamento sem retorno ou com retorno duvidoso, é muito mais fácil de ser cortado do que um com uma previsão realista.

Quanto ao formato de apresentação, embora o plano seja um documento provisório, ele deve ser apresentado como se fosse definitivo. Isso significa um formato bem estruturado e de aparência irretocável. A lógica da valorização, argumentada acima, vale também para a estética. É mais fácil fazer cortes em um plano feio do que em um bem-apresentado.

São apresentadas a seguir algumas recomendações para elaboração de um plano de treinamento. Algumas dizem respeito à estrutura e outras a fatores estéticos do plano. Todas são importantes para causar uma boa impressão, conquistar credibilidade e aumentar as chances de aprovação.

- ▷ Faça uma apresentação inicial envolvente, enfatizando o esforço para sua construção.
- ▷ Agradeça às pessoas e às áreas que forneceram as informações.
- ▷ Mencione o contexto competitivo e organizacional em que a organização está submetida.
- ▷ Faça uma análise dos impactos e dos desafios sobre as pessoas.
- ▷ Cite os métodos de LNT e os grupos nos quais foram empregados.
- ▷ Relacione os programas por tipo (TOP), com seus detalhes mínimos.
- ▷ Cite o retorno de cada programa, seja ele qual for, e de forma quantitativa, sempre que possível.
- ▷ Relacione as necessidades para aplicação.
- ▷ Faça a consolidação do investimento e dos retornos previstos para a organização.
- ▷ Relacione a equipe que trabalhou no LNT.
- ▷ Insira o nome e a assinatura do líder de mais alto escalão do RH.
- ▷ Capriche no visual: papel cuchê, impressão colorida, pasta fichário ou encadernação sofisticada, para causar impacto.

Se o plano de treinamento for em formato eletrônico, todo em sistemas ERP ou similar, cuja aprovação é feita diretamente sobre ele, há pouca margem de manobra para melhorar dados e aparência. O ideal seria ficar o mais próximo possível das recomendações citadas, pois apenas uma relação em ordem alfabética é um conteúdo frio e insosso demais para receber alguma atenção especial. A sugestão é que ele seja exportado para um editor de texto e que as mudanças recomendadas sejam implementadas. Isso tornará o plano de treinamento, desenvolvimento e aprendizagem consistente e bonito o suficiente para causar uma belíssima impressão e merecer a aprovação que solicita.

DEFENDENDO O PLANO

Talvez não se possa garantir que o plano, mesmo aprovado, será cumprido. O ambiente organizacional é dinâmico e, provavelmente, algumas das necessidades levantadas podem se tornar irrelevantes, ou perder a prioridade para outras de importância mais premente. Entretanto, frequentemente o plano é cortado, sem aparente motivo. Se isso acontece, será necessário fazer escolhas. Então, seguem algumas recomendações para tentar manter o investimento em treinamento, mesmo em momentos de cortes de despesas:

- ▷ elaborar, negociar e formalizar uma política de treinamento e desenvolvimento de pessoas;
- ▷ usar uma abordagem diversificada e objetiva de métodos de LNT;
- ▷ trabalhar bem o conteúdo, a estrutura e a forma de apresentação do plano;
- ▷ eliminar ou reduzir itens supérfluos;
- ▷ correlacionar os programas com resultados concretos;
- ▷ negociar no mais alto nível possível de decisão;
- ▷ amarrar a execução do plano com a PLR — Participação nos Lucros e Resultados;
- ▷ negociar o compromisso gerencial nos processos de elaboração do plano;
- ▷ substituir ações externas e de maior valor por outras de menor custo;

> ampliar o poder de realização, transferindo as ações para as áreas ou para os responsáveis de sistemas de gestão.

Se ocorrer um corte de investimentos, devido a uma crise financeira, o RH pode tentar negociar a manutenção dos treinamentos mais importantes. As prioridades poderiam ser concentradas nos treinamentos:

> obrigatórios por lei ou contrato;

> ligados a projetos inadiáveis;

> sem possibilidades de serem feitos em outra época;

> com maior impacto em algum resultado;

> com elevado potencial de perdas, caso não seja realizado;

> significativos para o ambiente social ou psicológico;

> sem custo;

> de fácil execução;

> focados nas pessoas que normalmente têm sido preteridas.

ESPECIFICAÇÃO DE TREINAMENTO

Embora não faça parte do LNT, uma das etapas do processo subsequentes é o detalhamento do treinamento ou do programa. O detalhamento é feito em duas etapas:

> **Detalhamento mínimo**

Consiste em identificar os dados mínimos dos treinamentos ou dos programas, visando sua caracterização, justificativa e aprovação. São os elementos do plano de treinamento cujas sugestões foram apresentadas no tópico: O que faz parte do LNT — e são relacionados:

- ao contexto;

- ao aprendizado necessário;

- ao planejamento;

- à avaliação do resultado.

▷ **Detalhamento completo**

São os dados complementares e essenciais para a construção e realização do treinamento. É também chamado de desenho instrucional. Existem diversos tipos de desenho instrucional. Os mais comuns são variações das ementas de disciplinas de cursos de educação formal.

As especificações podem ser mais ou menos completas e detalhadas, dependendo do grau de formalidade da organização. O Formulário 10 é um exemplo desenhado com essa finalidade. Ele é preenchido pelo profissional de RH ou pelo especialista que idealizou o treinamento e contém os dados do projeto. Após o preenchimento, a Especificação é usada para montar o curso e mantida para realizar outras turmas no futuro, ou servir de referência para criar cursos semelhantes. Portanto, ela não é descartada, mas armazenada e o conjunto delas formará um portfólio de desenhos instrucionais que o RH tem potencial de realizar, e um histórico daquilo que já foi desenhado.

Os desenhos instrucionais de cursos de Educação a Distância (EaD) representam outra modalidade, pois contêm informações relativas às tecnologias e ao acompanhamento do aluno durante e após o curso. O formulário deve ser adaptado para esse propósito.

Formulário 10 • Especificação de treinamento. (Página 1)

ESPECIFICAÇÃO DE PROGRAMA DE TREINAMENTO GESTÃO DO CAPITAL HUMANO	Nº EPT-01 – Rev.c

DADOS DA NECESSIDADE

1. Denominação do Treinamento, Desenvolvimento ou Programa

Curso Básico – Segurança e Instalações e Serviços em Eletricidade

2. Sistema de Gestão ou Projeto	3. Norma/exigência legal	4. Outras referências documentais	5. Área Responsável
ISO 45.0001	NR – 10 – Anexo II	POP - 14	SSO

6. Objetivos do Sistema de Gestão ou Projeto

Garantir a segurança dos empregados que trabalham em instalações elétricas, em suas diversas etapas, incluindo projeto, execução, operação, manutenção, reforma e ampliação e, ainda, a segurança de usuários e terceiros.

7. Objetivos do treinamento

Capacitar os participantes a identificar e controlar riscos, controlar pequenos focos de incêndios e prestar primeiros socorros em casos de acidente de trabalho.

8. Público-alvo (Cargos, funções ou profissionais)

Eletricistas e Supervisores da Manutenção Elétrica

9. Propósito para o treinamento

☒ Requisito de Competência	☒ Melhorar resultado	☐ Desenvolver comportamentos	☐ Atualização/Informação

ESPECIFICAÇÃO

10. Método de aprendizado

Curso presencial, com exposição teórica e aula prática utilizando estrutura de instalações elétricas.

11. Abordagem instrucional - CHA

Conhecimentos __50__ % ☒ Habilidades __50__ % ☐ Atitudes _____ % ☐ sem distinção

12. Avaliação da Eficácia

Aprendizado	☐ Comportamento	☒ Impacto	☐ ROI
Teste: *Prova Teórica e Prática* Nota mínima para aprovação: *90%*	Indicadores:	Indicadores: *Quantidade de Incidente/Acidentes envolvendo Instalações Elétricas.*	Ganhos financeiros:

Os níveis atuais e desejados dos indicadores e custos envolvidos devem ser indicados na LNT.

Datas/períodos para realizar a avaliação:

☒ Avaliação individual: *Avaliação de aprendizado ao final do treinamento;*

☒ Avaliação coletiva: *Avaliação de Impacto, 6 meses após o encerramento do programa.*

PLANO DE TREINAMENTO 211

Formulário 10 • Especificação de treinamento. (Página 2)

▶ qualypro

13. Conteúdo Programático ☒ mínimo ☐ obrigatório ☐ recomendado

MÓDULO I – Serviços em Eletricidade

1. Introdução à segurança com eletricidade
2. Riscos em instalações e serviços com eletricidade
   a. O choque elétrico, mecanismos e efeitos
   b. Arcos elétricos, queimaduras e quedas
   c. Campos eletromagnéticos
3. Técnicas de Análise de Risco
4. Medidas de controle do Risco Elétrico
   a. Desenergização
   b. Aterramento funcional (TN/TT/IT); de proteção, temporário
   c. Equipotencialização
   d. Seccionamento automático da alimentação
   e. Dispositivos a corrente de fuga
   f. Extra baixa tensão
   g. Barreiras e invólucros
   h. Bloqueios e impedimentos
   i. Obstáculos e anteparos
   j. Isolamento das partes vivas
   k. Isolação dupla ou reforçada
   l. Colocação fora de alcance
   m. Separação elétrica
5. Normas Técnicas Brasileiras – NBR da ABNT
   a. NBR-5410, NBR 14039 e outras
6. Regulamentações do MTE
   a. NRs
   b. NR10 (Segurança em Instalações e Serviços com Eletricidade)
   c. Qualificação, habilitação, capacitação e autorização

MÓDULO II – Segurança

7. Equipamentos de proteção coletiva
8. Equipamentos de proteção individual
9. Rotinas de trabalho – Procedimentos
   a. Instalações desenergizadas
   b. Liberação para serviços
   c. Sinalização
   d. Inspeções de áreas, serviços, ferramental e equipamento
10. Documentação de instalações elétricas

11. Riscos adicionais
    a. Altura
    b. Ambientes confinados
    c. Áreas classificadas
    d. Umidade
12. Condições atmosféricas, proteção e combate a incêndio
    a. Noções básicas
    b. Medidas preventivas
    c. Métodos de extinção
    d. Prática
13. Acidentes de origem elétrica
    a. Causas diretas e indiretas
    b. Discussão de casos

MÓDULO III – Primeiros Socorros

14. Primeiros socorros
    a. Noções sobre as lesões
    b. Priorização do atendimento
    c. Aplicação de respiração artificial
    d. Massagem cardíaca
    e. Técnicas para a remoção e transporte de acidentados
    f. Práticas
15. Responsabilidades

212 CAPITAL HUMANO

Formulário 10 • Especificação de treinamento. (Página 3)

14. Duração	
Carga horária: *40 horas – em 3 módulos*	Quantidade de módulos: *Módulo I – Serviços em eletricidade* *Módulo II – Segurança em serviços* *Módulo III – Primeiros socorros*
15. Instrutores	**16. Entidades**
☐ indicados ☒ qualificados *Elétrica: Técnico ou Engenheiro Eletricista* *SST: Técnico ou Engenheiro de Segurança* *Primeiros socorros: Enfermeiro ou Médico*	☒ indicadas ☐ qualificadas *Qualypro*

17. Estrutura, material didático e outros recursos necessários

Sala de Aula, Apostilas, EPI's e Laboratório de Instalações Elétricas contendo: Painéis, Quadros de Distribuição, Rede Elétrica, Dispositivos de Manobra, etc.

Há check list de Material e de Preparativos específicos: ☒ sim ☐ não

18. Requisitos de participantes e de turmas

☐ heterogêneo ☐ homogêneo→ ☐ por área ☐ por nível hierárquico ☒ *agrupar por grau de experiência*

Quantidade máxima de participantes por turma: *15*   Pré-requisitos: *Curso na área de elétrica reconhecido*

19. Recomendações desejáveis

- levar um Gerente para abrir o evento e sensibilizar a turma sobre a importância do controle de acidentes de trabalho.

- realizar preferencialmente fora da empresa, para evitar interrupções.

PÓS-CURSO

20. Certificado
☐ sem certificado ☒ emitido pela entidade ☐ emitido pela empresa ☒ entrega condicionada à aprovação
21. Registro
☐ educação ☒ treinamento ☐ habilidade (área)
22. Reciclagem
☐ não necessária ☒ necessária → Intervalo e carga horária: *2 anos – 16 horas*
23. Outras informações
- empregados novatos devem ser monitorados por 90 dias após o curso, para avaliação e confirmação de sua permanência após o período de experiência.

APROVAÇÃO

Elaboradores	Analista de Treinamento	Data da elaboração
Mônica Silva *Armando Chaves* Técnicos de Segurança do Trabalho	*Ana Maria Rosa* Analista de Desenvolvimento Humano	*21/05/2016*

Por ser um projeto, e não um plano de execução, a especificação de treinamento não contém os dados variáveis e específicos de cada evento, tais como data, nome dos participantes, local, custo, nome do instrutor, plano de aula e outros necessários para a realização de uma turma em particular. Ela contém os dados fixos. Os dados variáveis devem ser obtidos previamente à realização de cada turma. O Formulário 9 pode ser usado para relacionar esses dados variáveis e prévios à realização de um evento em particular.

O profissional de RH deve ainda estar atento para outros dados, não contemplados nesses dois modelos. Isso inclui três outros instrumentos, que são a relação de materiais didáticos, o checklist de preparativos logísticos e o plano de aula. O plano de aula é elaborado pelo instrutor e contém o planejamento das atividades durante os dias do evento.

REVISÃO DO PLANO DE TREINAMENTO

Qualquer planejamento organizacional, em qualquer contexto, depende de vários fatores. Um dos mais relevantes é a previsibilidade do ambiente competitivo e interno. Quanto mais previsíveis forem essas variáveis, maior será a probabilidade de o plano de treinamento ser executado conforme o planejado. Ao contrário, quanto menor for a previsibilidade, e mais incerto e turbulento for o ambiente, menores serão as chances de o plano ser realizado e cumprido. Em uma situação extrema de incerteza, os planos podem ser de tal forma voláteis que sua preparação seria totalmente inviável. Seria como tentar prever o imprevisível. Nesse caso, uma alternativa é que a equipe de RH trabalhe de forma contingencial, discutindo e realizando os programas e os eventos pontuais, conforme forem sendo confirmados e aprovados.

Se as mudanças não são tão drásticas ou constantes, mas gerenciáveis, o plano de treinamento, desenvolvimento e aprendizagem pode ser revisado ao longo do ano. A revisão do plano não é uma prática habitual, mas deveria ser, por pelo menos dois motivos.

O primeiro deles, evidentemente, é para orientar a própria equipe sobre as atividades que efetivamente devem ser realizadas. Sem um plano atualizado a equipe se torna completamente vulnerável às oscilações momentâneas, aos desejos, aos modismos, aos impulsos ou ao humor da liderança executiva e estratégica.

O plano formalizado se torna uma referência de convergência na agenda do T&D organizacional, mesmo diante do vaivém do dia a dia.

A segunda questão, que justifica a atualização do plano, diz respeito aos compromissos de resultado contidos no plano anterior. Se parte do plano não é mais aplicável, então parte dos resultados pretendidos também ficaram obsoletos. O novo plano contém uma nova estimativa, que representa o novo compromisso e o novo foco de esforço.

QUESTÕES PARA DISCUSSÃO E SUGESTÕES DE APLICAÇÃO

a. Quais são os dois momentos distintos de detalhamento dos treinamentos identificados? Por que essa divisão normalmente existe?

b. Quais são os elementos que são detalhados nesses dois momentos?

c. Qual a diferença entre programa, plano e evento?

d. Por que a definição de objetivos instrucionais é uma tarefa relevante?

e. Quais são as partes normalmente interessadas no desenvolvimento de pessoas? Os interesses são comuns ou conflitantes? Eles são conciliáveis?

f. Existem prioridades de objetivos? Caso positivo, elas são permanentes ou escolhidas conforme o caso?

g. Como o perfil do público-alvo dos programas de T&D afeta o seu desenho?

h. Quais são os tipos de treinamento segundo a perspectiva da organização?

i. Quais são os benefícios da adoção dessa tipologia específica?

j. Classifique cada treinamento a seguir conforme a tipologia TOP, marcando a que considerar mais correta. Não há o tipo Valorativo. Considere todas as informações fornecidas, inclusive o perfil e a natureza do trabalho do público-alvo.

Treinamento	Público-alvo	Normativo	Pragmático	Humanista	Informativo
Coleta seletiva (seleção do lixo e de resíduos)	Todos				
Leitura e interpretação de desenhos técnicos	Operadores				
Direção defensiva (redução de acidentes e sinistros)	Motoristas				
Congresso brasileiro de agronegócio	Agrônomos				
Melhoria do desempenho operacional	Gerentes				
Integração de novos empregados	Novos empregados				
Gestão dos recursos hídricos (redução do uso da água)	Engenheiros				
Treinamento NR-10 (Ministério do Trabalho)	Eletricistas				
Qualidade de vida no trabalho	Todos				
Operação de máquinas	Operadores				
Treinamento de usuário Sistema RH Plus (Folha pgto.)	Analistas do DP				
Atendimento de clientes (novos procedimentos)	Atendentes				
Motivação no trabalho	Vendedores				
Programa de visitas técnicas	Técs. Manutenção				
Regras de segurança no trabalho	Todos				
Congresso Nacional de RH — CONARH	Analistas de RH				
Método de Análise e Solução de Problemas — MASP[12]	Pessoas-chave				

k. (Aplicação) classifique os treinamentos realizados no último ano em sua empresa, segundo a tipologia TOP, e identifique qual é o perfil do investimento.

l. (Aplicação) Adapte o instrumento e faça uma especificação usando o Formulário 10 — Especificação de treinamento.

PARTE

OBJETIVO DO CAPÍTULO

Neste capítulo são apresentadas algumas competências distintas para diferentes níveis dentro de uma mesma estrutura de T&D organizacional.

Também é apresentado um modelo de desenho de estruturação da área de T&D, seja em termos de cargos como também funções dentro de um único cargo.

A implantação de qualquer estratégia, seja ela de T&D ou outra, deveria desencadear reflexões acerca da estrutura, dos processos, dos sistemas, das funções, bem como outros aspectos necessários ao seu sucesso.

A EQUIPE DE T&D

01
02
03
04

*"O talento vence jogos,
mas só o trabalho em equipe
ganha campeonatos."*

Michael Jordan

A EQUIPE DE T&D

COMPETÊNCIAS RELEVANTES PARA PROFISSIONAIS DE T&D

Vários profissionais trabalham para desenvolver pessoas. Talvez os papéis principais sejam o da liderança, que incentiva e apoia; e da própria pessoa que, sem seu desejo de aprender e uma dose de dedicação, não há esforço ou dinheiro que resulte em aprendizado.

Outro papel relevante é o do instrutor ou facilitador. Ele é quem cria, desenvolve e conduz a atividade. Grande parte do sucesso de um processo de treinamento e desenvolvimento está baseado em seu talento e poder de inspiração.

O profissional de RH está entre esses três atores organizacionais. Cabe a ele conduzir todo o processo de identificação e mobilização para que os recursos sejam bem aplicados, o aprendizado aconteça e os resultados decorrentes sejam auferidos.

Figura 35 • Papéis para o desenvolvimento de pessoas.

O profissional de RH faz a coisa toda acontecer. Sua presença vai tomando importância à medida que a organização se torna complexa e cresce. A liderança e aqueles com o conhecimento dos processos perdem a capacidade de atuar isoladamente. Métodos mais estruturados são necessários para lidar com diferentes situações.

Entretanto, a figura do profissional de RH está ligada a diversos papéis. E, dependendo do porte da organização, pode se distribuir por inúmeras responsabilidades e níveis de expertise técnica e autoridade.

Veja a seguir algumas funções comuns e respectivas competências típicas:

▷ **Auxiliares, estagiários e aprendizes**
- Procedimentos internos de convocação e registro.
- Logística de eventos.
- Sistemas informáticos de controle.
- Uso dos recursos tecnológicos da sala de treinamento.
- Aplicativo de reunião virtual e educação a distância (EaD) de uso na empresa.

▷ **Analistas Juniores**

- Procedimentos operacionais de treinamento.
- Procedimentos de compras e contratação.
- LNT reativo e menos estruturado.
- Requisitos de normas de sistemas de gestão.
- Sistemas informáticos de planejamento de treinamento.
- Desenho instrucional básico.
- Métodos de avaliação de reação e aprendizado.
- Aplicativos mais usados de reunião virtual, EaD, quizzes, pesquisa e outras tecnologias emergentes.
- Línguas (intermediário).

▷ **Analistas Seniores/Business Partner**

- Métodos de LNT objetivos e estruturados.
- Consultoria interna.
- Pesquisa-Ação.
- Condução de equipes.
- Desenvolvimento comportamental.
- Desenho instrucional avançado.
- Métodos de avaliação de comportamento e impacto.
- ROI de treinamento.
- *Change management.*
- Indicadores-chave dos processos em que atuam.
- Aplicativos mais usados de reunião virtual e Educação a Distância (EaD).
- Técnicas de apresentação.
- Línguas (pré-avançado).

▷ **Coordenadores**

- Indicadores de T&D.
- Gestão de processos.
- Elaboração de procedimentos e instrumentos.
- Estruturação de equipes.
- Análise e especificação de funções em sistemas informáticos.
- Tendências das metodologias e técnicas de trabalho.
- Línguas (avançado).

▷ **Gerentes**

- Estratégia organizacional.
- Ferramentas de gestão estratégica.
- Negociação.
- Indicadores-chave da organização.
- Orçamento e custos.
- Análise de investimentos.
- Tendências do T&D.
- Línguas (avançado).

▷ **Diretores/Superintendentes/Chief Learning Officer (CLO)**

- Estratégia organizacional.
- Desdobramento estratégico.
- Visão de futuro organizacional.
- Metodologias avançadas de aprendizado.
- Inovação.
- Estruturação de políticas e diretrizes.
- Filosofia e conceitos abstratos.
- Tendências na gestão de pessoas, novos paradigmas.
- Línguas (fluente).

É fundamental que cada função tenha um domínio total do seu trabalho e a visão do trabalho dos demais para que todo o processo funcione como uma máquina em perfeitas condições. Além disso, é recomendável que os profissionais que ocupam os cargos dos níveis superiores tenham o conhecimento e a vivência de, pelo menos, dois níveis abaixo. Isso faz com que qualquer discussão sobre os processos de trabalho se torne mais harmônica e interdependente.

Os profissionais de RH que atuam com T&D devem buscar uma capacitação superior e fundamentada. Muito além dos conhecimentos e das habilidades da função, que têm sido passados de boca a boca ou em troca nas redes sociais. Esse tipo de aprendizado empírico não contribui para o avanço da atividade, ao contrário. A cada vez que um instrumento ou procedimento é trocado, sua utilização deixa de ser sofisticada e estruturada para ser mais "simples". Práticas miméticas que provocam nada além de isomorfismo organizacional devem ser evitadas. O T&D é um verdadeiro arcabouço de metodologias que os profissionais precisam buscar, aprender e aplicar para a valorização do seu trabalho e da sua carreira[1].

Além disso, é preciso ter em mente que o avanço tecnológico nos dias de hoje não caminha, voa! Então, os profissionais de RH precisam estar antenados quanto às tendências do novo mundo do trabalho, provocadas pelas novas gerações[2]. É bem provável que isso repercuta no papel das profissões e algumas delas podem até desaparecer.

ESTRUTURAÇÃO DE EQUIPE DE ANALISTAS

Em organizações de menor porte, os analistas executam atividades de forma vertical, acumulando funções e responsabilidades, tanto acima quanto abaixo daquelas típicas de seu cargo. Isso é normal, pois a limitação de recursos exige flexibilidade e uma atuação ampla. Já as organizações de maior porte, além das divisões por cargo, podem distribuir as responsabilidades de maneira horizontal, com cada equipe respondendo por uma parte do processo de treinamento e desenvolvimento. No entanto, fracionar o processo dessa maneira cria barreiras no trabalho, dificulta a comunicação e torna o processo lento, moroso e cheio de riscos. O ideal é uma divisão por tipo de evento, na qual o profissional se responsabiliza pelo

---

[1] Para Sharpe, os analistas capacitados estão entre os mais importantes profissionais do campo do treinamento, desenvolvimento e desempenho. Ver Sharpe (2008, p. 251).

[2] Ver McLAGAN (2008, p. 139).

evento do início ao fim, permitindo maior fluidez e interlocução única entre as partes envolvidas, conforme mostra a Figura 36.

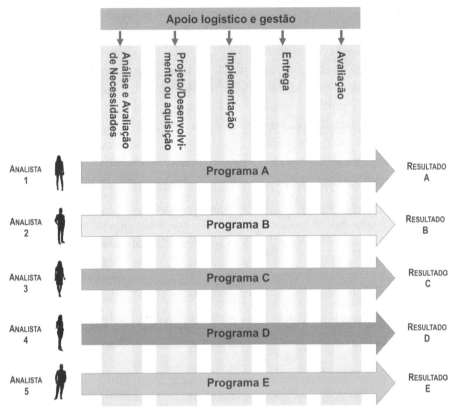

Figura 36 • Estrutura horizontal por processo.

Outra possibilidade de estruturação alternativa da equipe consiste na divisão das atividades segundo a tipologia TOP, descrita no tópico TIPOLOGIA DE TREINAMENTOS.

Figura 37 • Estrutura da equipe de T&D por tipo.

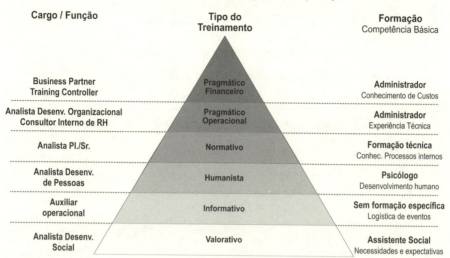

Esse modelo de estrutura é uma alternativa consistente que, além de aproveitar melhor a competência de uma equipe multidisciplinar, eleva o potencial de obtenção de resultado. São possibilidades que oferecem alternativas à típica estrutura funcional por atividade, ou distribuição dos profissionais por área.

QUESTÕES PARA DISCUSSÃO E SUGESTÕES DE APLICAÇÃO

a. Quais as competências típicas das funções em T&D? Quais você acrescentaria?

b. O que a organização deve fazer se ela não puder abrigar diferentes cargos na equipe de T&D?

c. A princípio, quais as diferenças básicas entre um coordenador e um gerente de T&D?

d. Quais são as funções mais comumente exercidas em T&D: operacionais ou estratégicas? Por que isso ocorre e quais são as consequências disso?

e. Quais são as responsabilidades mais comuns dos Analistas de T&D?

f. Quais são as responsabilidades menos comuns dos Analistas de T&D?

g. Quais as vantagens do acompanhamento linear de todo o processo de gestão de um programa de T&D pelo mesmo profissional?

h. Quais são os riscos e as desvantagens de fracionar o processo entre diversos analistas/profissionais de RH?

i. Qual a relação entre a formação do profissional de T&D e os níveis de avaliação de resultados em treinamento? O que justifica esse desmembramento?

APÊNDICES

APÊNDICE A — PROCESSOS DE T&D

Um processo é definido como sendo um conjunto de atividades inter-relaciona-das ou interativas que utilizam entradas para entregar um resultado pretendido[1]. O LNT é um processo ou, dependendo do ponto de vista, um subprocesso ligado a um macroprocesso, portanto, mais amplo, relacionado ao desenvolvimento do capital humano.

Uma organização que pretenda estruturar e organizar o desenvolvimento de pessoas precisa definir e detalhar processos, procedimentos, instrumentos e sistemas.

A figura 38 mostra o posicionamento da definição de processos dentro de um modelo de estrutura da gestão do desenvolvimento de pessoas. A definição de uma política e de diretrizes antecede e inicia a estruturação. Ela é estabelecida segundo uma estratégia corporativa. Dependendo da intenção da organização, a estrutura pode ter diversos conceitos como pano de fundo, atribuindo consistência ao conjunto.

---

[1] Ver ABNT NBR ISO 9000:2015 (ABNT, 2015, p. 17).

Figura 38 • Sequência de estrutura da gestão do desenvolvimento de pessoas.

Exemplos de conceitos que propiciam uma identidade à gestão são mostrados a seguir:

- **Gestão de Treinamento e Desenvolvimento.**
- **Gestão da Aprendizagem Organizacional.**
- **Gestão de Competências.**
- **Gestão do Capital Humano.**
- **Gestão Estratégica de Desenvolvimento de Pessoas.**
- **Gestão da Educação Corporativa.**
- **Gestão de Treinamento para Resultados.**
- **Gestão do Desenvolvimento Humano.**
- **Gestão da Capacitação Interna.**
- **Gestão da Educação Continuada.**
- **Gestão da Transformação Organizacional.**
- **Gestão de Talentos.**

São muitas possibilidades para a construção de uma estrutura que reflita as intenções e os valores organizacionais. Cada uma das denominações citadas deve trazer consigo o sentido para repercutir e se desdobrar em toda a estruturação.

Como os instrumentos e as funcionalidades nos sistemas de informática precisam ser descritos nos procedimentos, eles devem ser elaborados antes desses. Em seguida, é feita a definição das competências dos profissionais de RH, o dimensionamento e a forma de organização da equipe. Finalmente, completando o modelo, vem a definição dos recursos físicos e tecnológicos, tais como salas, projetores, equipamentos de videoconferência, sistemas de som e outros recursos instrucionais.

Em um contexto não estratégico, dificilmente a estruturação ocorreria em sequência. Processos, procedimentos, perfis e equipes já estão formados e alguns recursos já estão presentes. No entanto, o modelo da Figura 38 pode ser usado como referência para que uma organização já constituída possa avaliar o grau de coerência de sua própria estruturação. A partir disso, poderia identificar as lacunas que, uma vez fechadas, podem tornar o modelo organizacional coerente e consistente.

A definição dos processos vem logo após a definição de políticas e diretrizes. Consiste na construção dos grandes e pequenos blocos de atividades e tarefas que formam a metodologia de trabalho. A seguir são mostrados alguns macroprocessos que, uma vez elaborados, podem ser desdobrados em cinco ou seis processos distintos, sendo o LNT um deles.

O modelo genérico de Russ-Eft e Preskill[2] é uma referência que deveria se considerada para um desenho de processo de T&D. Ele parte de questões mais amplas, como estratégia e competências essenciais, e recomenda técnicas de diagnóstico para alimentar o projeto ou a seleção das atividades de aprendizado. Depois da execução do treinamento, o modelo subdivide as etapas de avaliação em duas linhas, a da organização e a do indivíduo, possibilitando evidenciar os benefícios nessas duas categorias relevantes.

---

[2] Ver Russ-eft e Preskill, 2001.

Figura 39 • O Logic Model do processo de treinamento (Traduzido pelo autor).

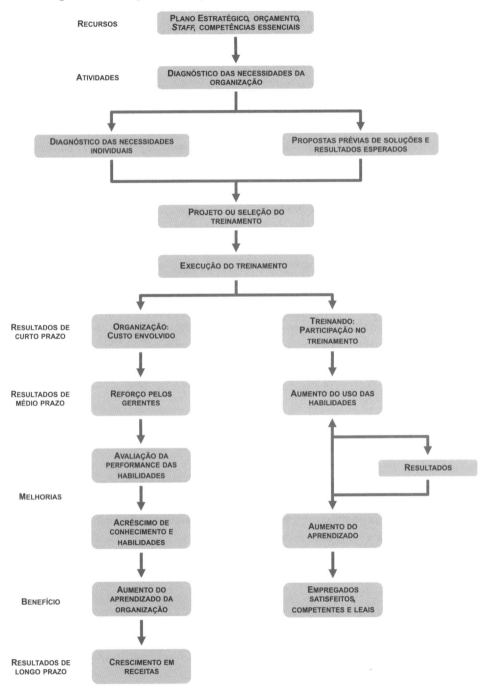

O modelo da Figura 40 — Formulário 4 Gap Analysis (exemplo preenchido) — é o instrumento para elaborar se caracteriza por ser um modelo desenhado para um processo de gestão de competências. O LNT se baseia em duas abordagens possíveis: pela análise do grau de atendimento à descrição de cargos e pela determinação de competências fundamentais para o trabalho.

O Gap Analysis (Formulário 4 — Gap Analysis) é o instrumento para elaborar esse diagnóstico, que é realizado individualmente. Depois de analisar os resultados e dar feedback aos entrevistados o processo se divide em quatro ramos: programas, lacunas individuais, lacunas técnicas específicas e lacunas na formação educacional. Cada um dos tipos de lacunas é tratado por diferentes equipes na organização, que são responsáveis e especializadas por esses temas.

O modelo termina com três diferentes tipos de avaliação: eficácia, competência e avaliação global de resultados. Na eficácia são avaliados a satisfação e o aprendizado. Na reavaliação de competências são revistas as pontuações atribuídas na primeira etapa. Finalmente, na avaliação global de resultados são levantados os resultados organizacionais, na forma de indicadores de desempenho dos processos e do negócio.

O modelo do Exemplo 2 — Processo de gestão de competências de entidade do setor público (Figura 41) —, guarda semelhanças com o exemplo 1. Esse modelo enfatiza prioridades, tanto no momento de identificação de competências quanto na etapa de projeto e planejamento de T&D. As ações de aprendizagem também são subdivididas, nesse caso em três linhas: o T&D corporativo, o T&D técnico da unidade e o T&D para cada indivíduo. Para uma organização que possui condições necessárias de satisfazer essas partes interessadas, esse modelo pode ser uma alternativa viável para adaptação e adoção.

Os processos, e suas respectivas descrições, sistemas e instrumentos, devem compor um manual de gestão de treinamento e desenvolvimento, ou outra denominação apropriada. Essa estruturação, além de facilitar o trabalho do dia a dia, contribui para a credibilidade da área e da atividade, aumentando o potencial de receber investimentos da organização.

Figura 40 • Exemplo 1: Processo de gestão de competências de empresa do setor privado.

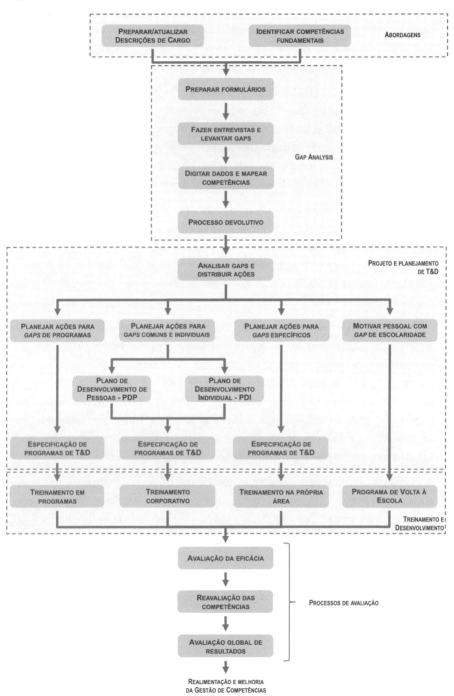

Figura 41 • Exemplo 2: Processo de gestão de competências de entidade do setor público.

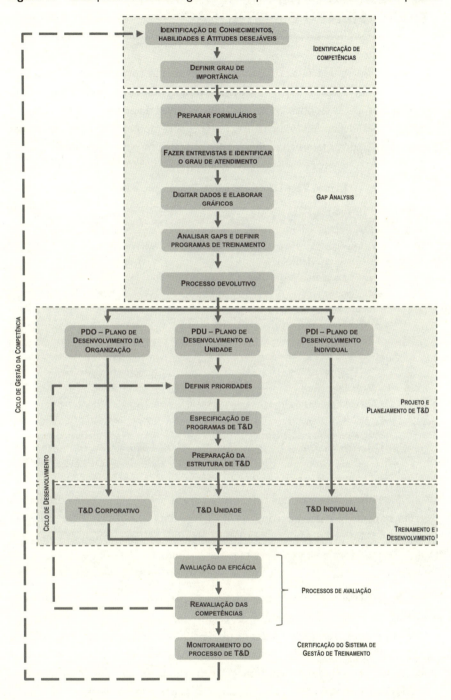

APÊNDICE B — DIFERENÇAS ENTRE TREINAMENTO E INSTRUÇÃO

O Quadro 22 evidencia as diferenças, normalmente encontradas nas empresas brasileiras, entre esses dois tipos de eventos de aprendizagem. Essas diferenças são típicas, mas não unânimes. Situações atípicas talvez possam ser encontradas nas organizações, dependendo da natureza do negócio, do porte, da cultura da organização e de outros fatores, como a rotatividade de pessoal, por exemplo.

Quadro 22 • Diferenças entre Treinamento e Instrução.

Treinamento	Instrução
É contemplado nos planos	Não é contemplado nos planos
Depende de verba	Não depende de verbas
Convocação formal	Convocação informal
Fora do local de trabalho	No local de trabalho
Teoria e prática	Prática
Recursos instrucionais variados	Recursos instrucionais limitados
Instrutor profissional externo	Instrutor interno
Duração fixa	Duração variável/estimada
Tem material didático impresso	Não tem material didático impresso
Controle do RH	Controle da própria área
Esporádico	Contínuo
Longa duração (dias ou horas)	Curta duração (minutos ou horas)
Com Certificado	Sem Certificado
Avaliação de eficácia estruturada (com formulário)	Avaliação de eficácia não estruturada (sem formulário)
Custo médio/alto	Custo baixo/muito baixo

Essa distinção é particularmente útil para as organizações cujos sistemas de gestão, baseados em normas como a ABNT NBR ISO 9001, IATF 16.949 ou outra, são certificados por organismos externos. Há uma prática comum de considerar qualquer atividade de aprendizagem como treinamento. Isso engessa os procedimentos e exige um esforço de controle e gestão adicional desnecessário.

A vantagem em caracterizar a instrução de maneira diferente é a possibilidade de reduzir os procedimentos, os registros, as aprovações e a formalidade que normalmente existe nas atividades de treinamento. Isso fica claro no procedimento de registro e avaliação de resultados. Assim, se houver procedimentos de gestão do T&D, o planejamento e controle da Instrução pode ser feito por regras mais simples e menos burocráticas, pois sua natureza é menos formal.

GLOSSÁRIO

Agente da mudança	Pessoa com responsabilidade para influenciar positivamente um grupo com o objetivo de promover mudanças organizacionais.
Ambiente de aprendizado	Local, momento ou contexto relacionado unicamente ao processo e ao objetivo de aprender algo novo. O aprendizado aqui obtido é quase sempre limitado e insuficiente, devendo ser complementado no ambiente de aplicação.
Ambiente de aplicação	Local, momento ou contexto em que o conteúdo aprendido é aplicado, complementado, alterado e reforçado. Ele se contrapõe ao ambiente de aprendizado.
Análise	Exame minucioso, normalmente baseado em critérios, no qual se busca compreender uma situação.
Análise de causa raiz	Análise de uma situação indesejada para levantar as hipóteses causais de um problema e provar sua real causalidade, visando uma ação mais precisa e otimizada.
Análise de riscos	Identificação de problemas potenciais que possam impedir ou minimizar a ocorrência de um efeito desejado.
Análise de viabilidade	Análise de elementos e critérios que permitem avaliar se os ganhos potenciais da realização de um treinamento são significativamente maiores do que não o realizar.
Aprendizagem	Processo de incorporação de novas competências cognitivas, psicomotoras ou emocionais por um indivíduo.
Aprendizagem organizacional	Processo que leva uma organização a desenvolver e a incorporar novas competências de gestão ou competitivas. A aprendizagem deve acontecer nos níveis individual e de grupo, antes de chegar ao organizacional. Como uma empresa não tem um cérebro, a expressão é uma metáfora.

Avaliação	Processo de análise, feita a partir de critérios, que tem por objetivo atribuir valor a um objeto ou a um fenômeno observado.
Avaliação de aprendizagem	Processo de coleta de dados e informações objetivas para medir a quantidade e a qualidade de um conteúdo supostamente aprendido.
Avaliação de comportamento	Processo de coleta de dados e informações objetivas para medir a presença ou a evolução de atitudes e comportamentos no ambiente de trabalho.
Avaliação de reação	Processo de coleta de dados e informações objetivas para medir a reação de um público-alvo a um processo de aprendizagem. Quase sempre reação é confundida com satisfação, a ponto de serem consideradas sinônimas.
Avaliação de resultados	Processo de coleta de dados e informações objetivas para medir o grau de impacto decorrente da aplicação de um aprendizado. O resultado pode acontecer na pessoa que aprendeu, nos grupos aos quais pertence e na organização que promoveu ou investiu no aprendizado.
Business Partner de RH	Função ou cargo exercido por um profissional de recursos humanos para o suporte à alta liderança ou áreas-fins, para a consecução de seus objetivos e resultados. A função pressupõe o conhecimento profundo tanto do negócio quanto de métodos e intervenção.
CAV — Ciclo de Aprendizagem Vivencial	Processo de aprendizagem estruturado em fases bem definidas — Vivência, Relato, Processamento, Generalização e Aplicação — que acontece por meio de uma atividade prática especialmente desenhada para desenvolver um comportamento ou atitude específicos, em indivíduos e em grupos. Sua base conceitual é o Ciclo de Aprendizagem de Kolb e pode ser aplicado em qualquer dinâmica ou atividade que envolva desenvolvimento de pessoas.
CHA	Ver Taxonomia de Bloom.
Coaching	Processo de desenvolvimento conduzido por um profissional especialmente treinado — o coach — para ajudar uma pessoa — o coachee — a atingir um objetivo pessoal ou profissional específico por meio de interação, orientação e com uso de ferramentas especialmente desenvolvidas.
Competência	Uma combinação de conhecimentos, habilidades e atitudes que afeta a maior parte do trabalho de alguém (um papel ou uma responsabilidade), que se correlaciona com a performance no trabalho, podendo ser mensurado contra padrões bem definidos e que pode ser desenvolvido por meio de treinamento e desenvolvimento (Parry, 1996). Capacidade de aplicar conhecimento e habilidades para alcançar resultados pretendidos (ABNT NBR ISO 9000:2015). Conjunto de qualificações que um indivíduo detém para executar um trabalho em nível superior (McClelland; Boyatzis).
Comportamento	Em se tratando de humanos, é a reação típica e repetida, observável ou não, de um indivíduo diante de um mesmo estímulo, interno ou externo.
Conhecimento	Saberes que são armazenados e combinados na memória e na mente. Ativo humano ou organizacional que possibilita decisões e ações eficazes em contexto (ABNT NBR ISO 10.015:2020).

238 CAPITAL HUMANO

Construto	Relação de causa e efeito entre diversas variáveis de um mesmo fenômeno, normalmente expressa na forma de um diagrama formando uma rede causal consistente.
Consultor interno de RH	Cargo ou função de um profissional de recursos humanos para prestar serviços internos de suporte metodológico à gestão de pessoas.
Dados	Registro de algum atributo obtido por meio de medições e coletas numéricas, ordenadas e organizadas de alguma maneira.
Desempenho	Grau de proficiência na realização de uma tarefa ou trabalho. O desempenho tem uma relação íntima com a eficiência ou com "fazer certo" o que precisa ser feito.
Desenho instrucional	Atividade ou projeto de uma atividade de aprendizagem que inclui todos os métodos, as técnicas, os recursos e outros detalhes necessários para sua construção. Também chamado de engenharia pedagógica.
Desenvolvimento comportamental	Atividade de aprendizagem para promover mudanças de comportamentos e atitudes, tendo como princípio básico a percepção e a construção do desejo de agir de dentro para fora, ou seja, pela própria pessoa, a partir de estímulos externos e indiretos.
Desenvolvimento de pessoas	Incentivo a funcionários para adquirir competência nova ou avançada, criando oportunidades de treinamento e aprendizado, com circunstâncias para implementar os resultados que foram adquiridos (ABNT NBR ISO 10.015:2020).
Diagnóstico	No contexto do T&D, é o conhecimento efetivo e razoavelmente confirmado sobre uma situação em que há carência de alguma competência, incluindo causas, sinais (sintomas), consequências e impactos atuais e futuros. Envolve o uso de experiência e julgamento do profissional de RH no exame minucioso e a compreensão de dados, informações e evidências objetivas.
EaD — Ensino a Distância	Modalidade de evento de aprendizagem que é feito sem a presença física do facilitador diante do aluno. Pode ser síncrona, quando o facilitador conduz atividade ao mesmo tempo em que os alunos participam, ou assíncrona, quando a atividade está gravada em mídia eletrônica e o participante faz as atividades segundo sua própria programação e disponibilidade.
Educação	No contexto do ambiente profissional, a educação é a capacidade da pessoa de compreender toda a complexidade que envolve seu trabalho, interagindo e exercendo plenamente suas funções, enquanto convive harmoniosamente com o ambiente social. Envolve as competências mais fundamentais da pessoa, como interpretação de textos, matemática e linguagem, que levam anos para serem construídas em casa e complementadas na escola. Uma pessoa pode possuir certificados e conclusão do ensino e não possuir um nível de educação propriamente dito correspondente.
Efeito halo	Tendência de atribuir o mesmo valor a diversos aspectos daquilo que está sendo avaliado, influenciado apenas pela apreciação geral, seja positiva ou negativa (ver Capítulo 2, Nota 27).

Eficácia	Extensão na qual atividades planejadas são realizadas e resultados planejados são alcançados (ABNT NBR ISO 9000:2015). Pela definição anterior, é possível concluir que qualquer resultado, seja ele qual for, pode ter sua eficácia determinada. No entanto, apenas a eficácia organizacional, e dentro do foco do sistema de gestão específico (Qualidade, Meio Ambiente ou Saúde e Segurança Ocupacional, por exemplo), é aceita em auditorias por organismos de certificação de sistemas (OCSs).
Eficiência	Relação entre o resultado alcançado e os recursos utilizados (ABNT NBR ISO 9000:2015).
Entrevista	Técnica de coleta de informações feita por meio de perguntas e respostas entre um entrevistador e um entrevistado. Pode ser estruturada, com perguntas elaboradas e eventualmente até acordadas previamente, ou informal, quando as perguntas vão sendo elaboradas à medida que a conversa evolui.
Escala de diferencial semântico	Sequência curta de atributos contínuos e de valor gradualmente mais elevado, usada em um questionário e que serve para representar o sentimento ou a opinião de um respondente, sobre um conjunto de assertivas ou perguntas, em uma pesquisa a respeito de um determinado tema. Apenas o valor dos itens extremos da escala tem denominações definidas, como, por exemplo, "discordo totalmente" e "concordo totalmente". Normalmente, é usada quando é necessária uma escala acima de cinco pontos, sendo as mais comuns em número de sete e dez.
Escala de Likert	Sequência curta de atributos contínuos e de valor nominado e gradualmente mais elevado, normalmente em número de cinco, usada em um questionário e que serve para representar o sentimento ou a opinião de um respondente sobre um conjunto de assertivas ou perguntas em uma pesquisa sobre um determinado tema.
Especificação de treinamento	Documento que contém o desenho instrucional de uma atividade de aprendizado e que pode ser mantido para consulta, atualização, evolução ou servir de referência para a construção de novos desenhos instrucionais. Atividades de natureza diferente são especificadas em formulários também diferentes, desenhados especificamente para elas.
Estratégia	Disciplina da gestão organizacional voltada para os temas mais relevantes do negócio, conduzida pela liderança de nível mais elevado e destinada a promover mudanças em uma ou mais variáveis de resultado.
Estruturação de equipe	Definição dos cargos e de suas responsabilidades, dimensionamento da equipe (quantidade de pessoas em cada cargo) e a organização hierárquica necessária para compor uma equipe de T&D. Isso inclui facilitadores com ligação apenas funcional ao RH.
Evento	Realização pontual de uma única atividade de aprendizado, normalmente de curta duração. O mesmo que "turma".
Facilitador	Pessoa devidamente preparada e orientada que conduz a atividade de treinamento, desenvolvimento ou aprendizagem.

Fator crítico de sucesso	Condição *sine qua non,* ou essencial, para a realização de algo e que, se não for satisfeita, inviabiliza a busca e o alcance daquele objetivo.
Foco no resultado	Orientação da ação para maximização do ganho final, privilegiando menos os demais elementos que constituem uma tarefa como o custo, o esforço humano etc. O foco no resultado determina a eficácia da ação e é o oposto do foco na tarefa que possui um viés baseado na eficiência, que significa usar poucos recursos.
Formação educacional	Ensino oficial, regulamentado pelo governo, consistindo em infantil, fundamental, médio, técnico e superior. As pessoas que não tiveram oportunidade de estudar ou abandonaram o estudo podem fazer o Exame Nacional para Certificação de Competências de Jovens e Adultos (ENCCEJA), em que o cidadão pode receber o diploma reconhecido de ensino fundamental ou médio após a realização de uma prova.
Gestão de competências	Processo para definir, avaliar, mensurar, prover e manter níveis adequados ou superiores de competência em um grupo de pessoas. A gestão de competências pode ser implantada com base em diversas abordagens metodológicas possíveis, com viés humano, normativo, pragmático, institucional e estratégico.
Gestão de T&D e da aprendizagem	Processo para identificar, prover, projetar, planejar, executar, avaliar e reportar atividades de treinamento, capacitação e, em um sentido mais amplo, de aprendizagem para pessoas.
Grupo focal	No contexto do T&D, é uma dinâmica sistemática, realizada em um grupo escolhido, para provocar reflexões e obter opiniões sobre competências necessárias para enfrentar uma nova realidade. É um método de LNT consagrado para identificar competências não imperativas, em um processo participativo e democrático.
Habilidade	Capacidade de um indivíduo de colocar um conhecimento em prática e executar uma tarefa ou um trabalho específicos. Capacidade aprendida para realizar uma tarefa para uma expectativa especificada (ABNT NBR ISO 10.015:2020).
Heurística	Atalho no processo mental de julgamento e tomada de decisão, que pode ser inconsciente ou deliberado, por meio de criação de categorias predefinidas, limitando a análise e forçando a escolha de uma alternativa satisfatória.
Incidente crítico	Ocorrências pontuais ou recorrentes que exigem a aplicação de alguma competência específica. Processo de coleta de informação sobre desempenho importante (crítico) em situações especiais (incidentes). (ROTHWELL, 1992 apud GUPTA, 1999).
Informação	Dado, fato ou evidência interpretada. Dados significativos (ABNT NBR ISO 9000:2015).

Informação (atividade)	Evento de aprendizagem elementar, geralmente realizado rapidamente (medido em minutos) com o objetivo de passar conhecimentos orais, voláteis e praticamente em mão única (uns falam e outros ouvem). Um exemplo típico é a reunião de bom-dia, evento diário feito para passar os trabalhos do dia e alertar sobre cuidados e os riscos à segurança das pessoas.
Instrução	Atividade de aprendizagem de caráter não formal, de curta duração, realizada no próprio ambiente e com os mesmos recursos do trabalho. Normalmente é realizada por um instrutor experiente, sem carga horária definida ou conceituações, focados apenas na execução acompanhada da realização de uma tarefa ou de um trabalho.
ISO 10.015	Norma internacional da Gestão da qualidade, que apresenta diretrizes para gestão da competência e desenvolvimento de pessoas. Atualmente está na sua segunda revisão, emitida em 2020.
Levantamento	Ato de arrolar, ou colocar em uma lista; arrolamento; compreende as ações de ir a um local, verificar a existência de algo, registrar e relatar.
Levantamento de Necessidades de Treinamento — LNT	Processo de identificação de necessidades de competência e aprendizagem em um grupo, visando cumprir exigências, realizar o trabalho, alcançar objetivos e viver melhor.
MASP — Método de Análise e Solução de Problemas	O MASP é um método de solução de problemas concebido de forma ordenada, composto de passos e subpassos predefinidos, destinado à escolha de um problema, análise de suas causas, determinação e planejamento de um conjunto de ações que constituem uma solução. É aplicado normalmente por equipes de solução de problemas crônicos, juntamente com ferramentas da Qualidade.
Meio eletrônico	Mídia ou recurso de armazenamento digital, podendo ser um disco rígido (Hard Disk — HD), pen drive, CD-ROM, memórias de um cartão ou em local alugado na "nuvem".
Meio virtual	Ambiente de trabalho não físico e não presencial, baseado no uso extensivo de sistemas de tecnologia de informação.
Meta	Objetivo concreto, planejado e com data prevista para ser cumprido.
Método estruturado	Método de trabalho sustentado por algum recurso metodológico, conferindo maior nível de confiabilidade, repetitividade e segurança. No contexto do LNT, um método estruturado é aquele que contém etapas bem definidas e descritas, e dispõe de instrumentos especificamente desenhados.
Método não estruturado	Método de trabalho informal, metodologicamente solto, conferindo maior rapidez e flexibilidade ao processo. No contexto do LNT, um método não estruturado é, por exemplo, aquele em que se pergunta apenas os treinamentos desejados, sem uso de instrumentos para uma análise mais aprofundada.

Método semiestruturado	É um meio termo entre o estruturado e o não estruturado. O método tem etapas previstas, porém sem passos metodológicos e os instrumentos de trabalho são simples, pressupondo que o praticante fará uma parte das funções. No LNT, um método semiestruturado é, por exemplo, uma entrevista planejada para discussões dos problemas para posterior preenchimento de uma solicitação de treinamento, se for o caso.
Modelo	Padrões criados a partir de algum critério restritivo para representar ou desenvolver algum processo ou atividade. São representações simbólicas com um propósito claro, mas que, ao construí-lo, se reconhece, ao mesmo tempo, que há uma limitação, pois seu desenho foi baseado em uma interpretação particular e única.
Modelo dos múltiplos papéis	Modelo de referência para definição de papéis do RH na organização. É formado por dois eixos que representam dois *continuum*, Presente-Futuro e Processos-Pessoas. Os quadrantes resultantes do cruzamento desses eixos representam os quatro papéis básicos: Parceiro Estratégico, Agente da Mudança, Especialista Administrativo ou Defensor dos Funcionários. A identificação clara do papel na organização orienta a definição de políticas e processos de RH, permitindo um ajuste mais efetivo no contexto em que atua. Foi idealizado por David Ulrich, professor da Universidade de Michigan, Estados Unidos.
Necessidades não treináveis	Qualquer recurso ou suporte necessário à aplicação de uma competência adquirida, podendo ser de qualquer natureza como equipamentos e ferramentas, intangíveis como suporte técnico e apoio motivacional ou tempo, orçamento aprovado etc.
Objetividade	Propriedade que confere a uma análise baseada em dados, fatos e evidências; foco no objeto ou fenômeno observado; contrário de subjetividade.
Objetivo	Desejo ou alvo genérico que se pretende atingir.
Observação	Captação de informações por meio de percepção sensorial.
Partes interessadas	Atores sociais envolvidos e impactados com a existência e funcionamento de uma entidade; também chamados de stakeholders.
PDI	Plano de Desenvolvimento Individual — atividades de capacitação de uma pessoa, normalmente acordada com a liderança, para um determinado período e para o cumprimento de algum objetivo.
Pesquisa estimulada	Atividade de levantamento realizada em um grupo para coletar as alternativas preferidas em uma lista previamente elaborada.
Plano de treinamento	Atividades de treinamento, desenvolvimento e aprendizagem previstas para um grupo num determinado período.
Plano estratégico	Intenções da liderança de alto nível em relação ao desenvolvimento do negócio e da organização, em geral, expressas formalmente.

Performance	Anglicismo bastante usado para se referir a desempenho. Ver Desempenho.
Política de treinamento	Intenções e direção de uma organização, como formalmente expressos pela sua Alta Direção no que diz respeito a treinamento e desenvolvimento de pessoas.
Processo	Sequência harmônica de atividades bem como os recursos necessários para realizar um trabalho. Normalmente o processo deriva de um modelo e pode se desdobrar em diferentes métodos. Conjunto de atividades inter-relacionadas ou interativas que utilizam entradas para entregar um resultado pretendido (ABNT NBR ISO 9000:2015).
Profissionais de T&D	Pessoas incumbidas de liderar ou executar as atividades de Treinamento, Desenvolvimento e Aprendizagem na organização. Nesta publicação, o termo é usado normalmente para designar o Analista de T&D, mas também pode se referir desde um cargo estratégico, como um vice-presidente ou superintendente, até um estagiário ou auxiliar, dependendo do contexto — operacional, tático ou estratégico — em que o termo foi empregado.
Programa de treinamento	Composição de treinamentos em diversos temas, para a formação de um conjunto harmônico e necessário à consecução de um objetivo. Pode também se referir ao conteúdo programático, que é a relação de tópicos que devem ser abordados em uma sessão de treinamento, ou processo de desenvolvimento mais amplo.
Quatro níveis de Kirkpatrick	Modelo de avaliação de resultados de treinamento, criado e desenvolvido pelo norte-americano Donald L. Kirkpatrick e composto pelas avaliações de Reação, Aprendizado, Comportamento e Resultados.
Recursos instrucionais	Imóveis, móveis, materiais, equipamentos e outros meios de suporte e ambientais que são necessários para a promoção de uma sessão de aprendizado específica.
ROI — Return on Investment	Ganho percentual de um valor que é aplicado em uma iniciativa com expectativa de retorno de um valor igual ou superior.
Sistema de Gestão	Conjunto de elementos inter-relacionados ou interativos de uma organização para estabelecer políticas, objetivos e processos para alcançar esses objetivos. (NBR ISO 9000:2015)
Subjetividade	Propriedade que se confere a uma análise baseada em interpretações, opiniões e inferências; foco no sujeito que vê o objeto ou fenômeno; o contrário de objetividade.
Survey	Pesquisa de opinião estruturada para coletar informações intangíveis visando sua objetivação.

Task Analysis	Literalmente significa análise da tarefa, sendo um processo para identificar necessidades de treinamento a partir da observação do que a pessoa faz e os recursos de competência de que precisa. Nesta publicação, o Task Analysis é a denominação de um instrumento para LNT, cujo ponto de partida é qualquer coisa que precise ser feita e, por isso, precisa de competências novas e adicionais que o executante não possui.
Taxonomia de Bloom	Sistema de classificação dos objetivos de aprendizagem em três domínios: Cognitivo, Psicomotor e Afetivo que envolvem o aprendizado de conhecimentos, o desenvolvimento de habilidades e comportamentos/ atitudes. No Brasil é mais conhecido por suas iniciais CHA. A identificação do objetivo em termos de CHA afeta substancialmente o desenho instrucional nas atividades e pode interferir na escolha do facilitador. Foi desenvolvida por um grupo de pesquisadores liderados por Benjamin Bloom na década de 1950, nos Estados Unidos. Ver Ferraz e Belhot (2010).
Transferência de aprendizado	Processo de aplicação e incorporação do que foi aprendido, em um evento ou um programa de treinamento ou desenvolvimento, pelo ambiente real dos participantes. Como o ambiente de aplicação é substancialmente diferente do ambiente de aprendizado, a transferência pode implicar repasse, aprendizados de outras pessoas, adaptação e complemento do conteúdo aprendido, aplicação e implantação. A transferência não implica necessariamente sucesso, mas apenas a adoção do conhecimento e a implantação de novas formas de trabalho e de se relacionar. Erroneamente denominado de "transferência do treinamento".
Treinamento	Atividade formal, estruturada e sistemática, normalmente de curta duração (medido em horas ou dias) para induzir aprendizado em um grupo de participantes, acerca de um tema específico. Envolve conceituação, processo de ensino e eventualmente aplicação do que foi aprendido em condições controladas. Sua estruturação é superior a uma instrução, porém não compreende outras formas de aprendizagem, que estão sob a denominação de desenvolvimento.
Treinando	Termo informal que se atribui ao participante de uma sessão de treinamento, até o momento em que está presente e participativo. Após o encerramento do evento ele passa a ser o treinado, capacitado, ou habilitado.
Turma	Agrupamento de participantes de um evento de aprendizagem. Pode também ser o sinônimo de "evento".
Validação	Processo metódico e estruturado para tornar um novo projeto ou desenho instrucional válido para uso ou aplicação sistemática. A validação de um curso pode ser feita de forma simulada, com participantes orientados a observar e comentar, ou em uma primeira aplicação, com ou sem a presença de observadores. A validação é essencial para eventos de alto risco, e pode incluir atividade extraclasse de análise de currículo e de material didático.

Variável dependente	Dado resultado de uma medição e que varia segundo o comportamento de outro dado. É um efeito, que pode ser benéfico ou maléfico, e sobre o qual não temos controle.
Variável independente	Dado com comportamento oscilante e que provoca a variação de outros elementos subsequentes. Nas metodologias de solução de problemas ela é o resultado da medição da causa raiz que precisa ser controlada.
Viés	Tendência natural de pensamento e de ação decorrente da formação, experiências de vida, preferências pessoais e personalidade. Por meio do viés de um indivíduo é possível prever, com alto grau de acerto, seu comportamento ou opiniões acerca de temas específicos de seu conhecimento ou interesse.

REFERÊNCIAS

ABBAD, Gardênia da Silva *et al.* "Planejamento Instrucional em TD&E." Em *Treinamento, Desenvolvimento e Educação em Organizações e Trabalho*, por Jairo E. *et al.* BORGES-ANDRADE, p. 289–231. Porto Alegre: Artmed, 2006.

ABNT, ASSOCIAÇÃO BRASILEIRA DE NORMAS TÉCNICAS. "NBR ISO 10.015:2001 — Gestão da Qualidade — Diretrizes para Treinamento." Rio de Janeiro, 30 de maio de 2001.

BARBAZETTE, Jean. *Training Needs Assessment: methods, tools and techniques.* São Francisco: Pfeiffer, 2006.

BAZERMAN, Max H. *Processo decisório: para cursos de administração e economia.* Rio de Janeiro: Elsevier, 2004.

BERGAMINI, Cecília Whitaker; BERALDO, Deobel Garcia Ramos. *Avaliação de Desempenho Humano na Empresa.* 4ª ed. São Paulo: Atlas, 2012.

BICHUETTI, José Luiz. "Gestão de pessoas não é com o RH!". *Harvard Business Review Brasil. UOL.* 8 de maio de 2015.

CAPANO, Geraldo; STEFFEN, Ivo. "A Evolução dos Modelos de Gestão por Competências nas Empresas." *Boletim Técnico do Senac: a revista da educação profissional*, 2012, 38ª ed.: p. 41–54.

COOPER, Kenneth C. *Effective Competency Modeling & Reporting: a step-by-step guide for improving individual & organizational performance.* Nova Iorque: Amacom Books, 2000.

DUBOIS, David D.; ROTHWELL, William J. *Competency-Based Human Resource Management.* Palo Alto: Davies-Black Publishing, 2004.

FERRAZ, Ana Paula do Carmo Marcheti; BELHOT Renato Vairo. "Taxonomia de Bloom: revisão teórica e apresentação das adequações do instrumento para definição de objetivos instrucionais." *Gestão da Produção* v. 17. Nº 2 (2010): p. 421–431.

GUPTA, Kavita. *A Practical Guide to Needs Assessment.* São Francisco: Pfeiffer, 1999.

GUPTA, Kavita; ESTEP, Tora. "Conducting a Mini Needs Assessment." *Instructional Systems Development: an Infoline Collection,* 2005: p. 55–71.

II, João Paulo. "Discorso di Giovanni Paolo II ai partecipanti alla sessione plenaria della Pontificia Accademia delle Scienze." La Santa Sede. 31 de outubro de 1992. <http:// www.vatican.va/content/john-paul-ii/it/speeches/1992/october/documents/hf_jp-ii_ spe_19921031_accademia-scienze.html (acesso em 05 de maio de 2020).

KEEPS, Erica J.; STOLOVITCH, Harold D. "Selecting Solutions to Improve Workplace Performance." Em *ASTD Handbook for Workplace Learning Professionals,* por Elaine (Ed.) Biech, p. 47–169. Alexandria: ASTD, 2008.

KIRKPATRICK, Donald L. *Evaluating Training Programs: The Four Levels.* Oakland: Berret-Koehler, 1998.

LUCIA, Anntoinette D.; LEPSINGER, Richard. *The Art and Science of Competency Models: pinpoint critical success factors in organizations.* São Francisco: Jossei-Bass/Pfeiffer, 1999.

MAGER, Robert F. *A Formulação de Objetivos de Ensino.* Porto Alegre: Globo, 1976.

MCCLELLAND, Samuel B. "Training Needs Assessment Data-Gathering Methods: Part 3, Focus Groups." *Journal of European Industrial Training* V. 18, nº 3 (1994): p. 29–32.

MCLAGAN, Patricia A. "Competencies and the Changing of Work." *ASTD Handbook for Workplace Learning Professionals. Section II—Assessing and Analysing Needs,* 2008: p. 127–146.

MENESES, Pedro Paulo Murce; ZERBINI, Thaíz. "Levantamento de Necessidades de Treinamento: Reflexões Atuais." Edição: ANPAD, 2005.

MINTZBERG, Henry; AHLSTRAND, Bruce; LAMPEL, Joseph. *Safári de Estratégia: um roteiro pela selva do planejamento estratégico.* Porto Alegre: Bookman, 2000.

OLIVEIRA, Tânia Modesto Veludo de. "Escalas de Mensuração de Atitudes: Thurstone, Osgood, Stapel, Likert, Guttman, Alpert." *Administração on Line. FECAP,* s.d., abril, maio e junho de 2001.

ORIBE, Claudemir Y. "Intenção de Permanência." Edição: Associação Brasileira de Recursos Humanos de Minas Gerais. *Anais do XVII Congresso Mineiro de Recursos Humanos.* Belo Horizonte, 2013.

—. "Tipologia de Treinamentos na Perspectiva Organizacional: uma solução simples, prática e fundamentada para definir o perfil do investimento e escolher o melhor método de avaliação de eficácia em treinamento." *Anais do Congresso Brasileiro de Treinamento e Desenvolvimento.* Santos, 2011.

PARRY, Scott B. "The Quest for Competencies." *Training*, 1996: p. 48–56.

PHILIPS, Patricia P.; PHILLIPS, Jack J. *The Value of Learning: how organizations capture value and ROI*. São Francisco: Pfeiffer, 2007.

PHILLIPS, Jack J. *Handbook of Training Evaluation and Measurement Methods*. Houston: Gulf Publishing, 1997.

PLATTNER, Francis. "Instructional Objectives." *Instructional Systems Development: an Infoline collection*, 2007: p. 145–157.

PMI, Project Management Institute. Ed. *Um Guia do Conhecimento em Gerenciamento de Projetos (Guia PMBOK®)*. Newtown Square: Project Management Institute, Inc., 2017.

PSYCHOLOGY TODAY. "Dunning-Kruger Effect." *Psychology Today*. Sem data. https://www.psychologytoday.com/intl/basics/dunning-kruger-effect (acesso em 30 de abril de 2020).

REALE, Giovanni; ANTISERI, Dario. *Do humanismo a Descartes*. Vol. 3, em *História da Filosofia*, por Giovanni Reale e Dario Antiseri, p. 189–228. São Paulo: Paulus, 2004.

RODRIGUES JR., José Florêncio. "Taxonomias de Objetivos em TD&E." Em *Treinamento, Desenvolvimento e Educação em Organizações e Trabalho*, por Jairo E. *et al.* BORGES-ANDRADE, p. 282–288. Porto Alegre: Artmed, 2006.

ROMETTY, Ginni. "Hiring Skills, Not Diplomas: How to Ignite the Next Generation of Talent." *Ethisphere Magazine*. Edição: Tyler Lawrence e Tim Erblich. 5 de dezembro de 2019. https://magazine.ethisphere.com/hiring-skills-not-diplomas/ (acesso em 30 de abril de 2020).

RUMMLER, Geary A. "Luminary Perspective: some important questions regarding needs assessment and analysis." Em *ASTD Handbook for Workplace Learning Professionals*, por Elaine (Ed.) BIECH, p. 79-80. Alexandria: ASTD, 2008.

RUSS-EFT, Darlene; PRESKILL, Hallie. *Evaluation in Organizations*. Cambridge: Perseus Publishing, 2001.

RUSSO, Cat. "Be a Better Needs Analyst." *Instructional Systems Development: an Infoline collection*, 2006: p. 37–54.

SHARPE, Cat. "Be a Better Needs Assessment." *Managing the Learning Function–An Infoline Collection*, 2008: p. 249–266.

SIQUEIRA, Mirlene Maria Matias (Org.); TAMAYO, Álvaro *et al. Medidas do Comportamento Organizacional: ferramentas de diagnóstico e de gestão*. Porto Alegre: Artmed, 2008.

SIQUEIRA, Mirlene Maria Matias. *Novas Medidas do Comportamento Organizacional: ferramentas de diagnóstico e de gestão*. Porto Alegre: Artmed, 2013.

TOBEY, Deborah Davis. "Data Collection for Needs Assessment." *Managing the Learning Function–An Infoline Collection*, 2008: p. 269–283.

—. *Needs Assessment Basics*. Alexandria: ASTD Press, 2005.

ULRICH, Dave. *Os Campeões de Recursos Humanos: inovando para obter os melhores resultados*. São Paulo: Futura, 2004.

VARGAS, Miramar Ramos Maia; ABBAD, Gardênia da Silva. "Bases Conceituais em Treinamento, Desenvolvimento e Educação – TD&E." Em *Treinamento, Desenvolvimento e Educação em Organizações e Trabalho: fundamento para a gestão de pessoas*, por Jairo E. BORGES-ANDRADE, Gardênia da Silva Abbad e Luciana *et al*. MOURÃO. Porto Alegre: Artmed, 2006.

WICK, Calhoun; JEFFERSON, Andrew; POLLOCK, Roy. *6Ds: As seis disciplinas que transformam educação em resultados para o negócio*. São Paulo: Évora, 2011.

ZGUROVSKY, Michael Z.; ZAYCHENKO, Yuriy P. *Big Data: conceptual analysis and applications*. Cham: Springer, 2020.

ÍNDICE

Símbolos

6D. *Consulte* Metodologia 6D

A

ABNT. *Consulte* ISO
ABRH xvii, xxv, 93, 106
Achado de pesquisa 99
Adhocráticas 128
Ambiente de incerteza 34, 65, 99, 128, 168–171, 214
Análise de competências 113
Análise "É-NÃO É" 80
Andragógica 187–188
Aprendizagem 41, 193
ATD 38
Auditoria 122, 149, 167, 240
Avaliação
  Matriz de escolha 199
Avaliação de desempenho 173
Avaliação global de resultados 233
Avaliações físicas 140

B

Benchmarking 147
Bergamini e Beraldo 123–124
Big Data 150–151
Brainstorming 102

Business partner xvii, 50, 56, 80, 83, 203, 223, 238

C

Capano e Steffen 105
Características inatas 123
Carências de competência 41–42
Carlos Hilário de Andrade xxii
Carl Von Linné 191. *Consulte* Taxonomia
Cat Sharpe 53, 225
Causa raiz 79, 84–85, 237, 246
CAV xvii, 203, 238
CHA xvii, 76, 83, 85, 104, 114–115, 131, 191–192, 238, 245
Change Management. *Consulte* Gestão da mudança
Checklist 135–136, 214
Ciclo de Aprendizagem de Kolb. *Consulte* CAV
Citações
  Derek Bok 32
  Lao-Tsé 176
  Mark Twain 68–70
  Michael Jordan 220
Claudemir Y. Oribe 99, 193
Competência 33–34, 36, 39, 41, 54, 60–61, 63, 70, 76, 102, 104–107, 113, 124, 131, 134, 159, 194, 196,

202, 233. *Consulte também* Lacunas de competência
Competência comportamental 86
Compliance 141
Concierge 133
Construto 60, 87–88, 91, 93, 239
Cultura interna 70

D

Dashboards 198
David Ulrich 243
Deborah Tobey 47, 50, 53, 55, 79, 84, 158
Deficiências 39, 43, 83, 100, 108, 113, 129, 165
Definição de Necessidades de Treinamento 52–53
Derek Bok. *Consulte* Citações
Descrição de Cargo 106
Desenho Instrucional 42–43, 54, 84, 137, 167, 177, 181, 190, 192, 210, 223, 239–240, 245–246
Dinâmica de Grupo 102–103, 203
DNA xvii, 41
Donald Kirkpatrick 161, 198–199, 199, 244
Dubois e Rothwell 107

E

Efeito Dunning-Kruger 117
Efeito halo 124, 239
Efetividade 45
Eficácia xvii, 121–122, 128, 132, 164, 167, 196, 198, 233, 236, 240–241
Eficiência 33, 135, 239–241
Elaine Frois 46
Eliane Maria Ramos de Vasconcellos Paes xxv
Escala de diferencial semântico 92, 240
Escala de Likert 92, 240
Escala de mensuração 88
Escala de performance 115
Escala de valores 88
Escala em pesquisa estimulada 154
Etapas no processo de desenvolvimento de pessoas 64

F

Feedback 64, 86, 116, 124, 148, 153, 156, 205, 233
Francis Plattner 181

G

Galileu Galilei 157
Gamificação 203
Gap Analysis 60, 73, 104, 106, 108, 113, 145, 147, 166, 233
Gaps de competência 61–62, 114, 204
Gaps de treinamento 62
Gaps pontuais 205
Gardência da Silva Abbad 181
Gartner 150
Geary Rummler 45, 84
Gestão da mudança 131, 223
Gestão da qualidade 37, 52, 84
Gestão de competências 37, 52, 73, 233
Gestão por processos 203
Google Forms 89, 136
Gráfico de Gantt 146
Grau de risco 48
Grupo de controle 89, 136

H

Habilidades 121
Habilitação 119
Heurística 124, 185, 191, 193, 241
Homens × hora 197

I

IATF 16.949 236
Incerteza. *Consulte* Ambiente de incerteza
Incidente crítico 152–156, 241
Inovação 33, 70, 224
Intenção de permanência 93, 99
Investimento em treinamento 33, 59, 65, 67, 193, 196–197, 208
ISO 152
    ISO 10.015 36–39, 52, 65, 238, 241–242
    ISO 9000 165, 238, 240, 244
    ISO 9001 122, 163–164, 167
Isolar o efeito do treinamento 85. *Consulte também* Treinamento

J

Jack Phillips 38, 44, 55, 158, 198–200
Jean Barbazette 47, 83, 85, 148, 158, 185, 205
João Paulo II 157
José Luiz Bichuetti 36
José Rodrigues Jr. 192

K

Kavita Gupta 54, 80, 241
Keeps e Stolovitch 47
Kenneth Cooper 106

L

Lacunas de competência 42, 83, 100, 102, 123, 126, 140, 205. *Consulte também* Gaps de competência; *Consulte* Competência
Lao-Tsé. *Consulte* Citações
Levantamento de Necessidades de Treinamento - LNT 34, 39, 242
Likert. *Consulte* Escala de Likert
LNT com o Survey 87
LNT, metodologia de 52
LNT, problemas no 51
Lucia e Lepsinger 83, 105

M

Mark Twain. *Consulte* Citações
MASP xvii, 117, 137–139, 196, 217, 242
Matriz de competências 167
Matriz de habilidades 60, 73, 118, 120–122, 165–167
Max Bazerman 191
Melhoria contínua 141, 196
Meneses e Zerbini 159
Metodologia 6D 45
Michael Jordan. *Consulte* Citações
Milestones 146
Mini Needs Analysis 54
Mintzberg, Ahlstrand e Lampel 168
Mirlene Siqueira 87, 91
Modelos de análise de treinamento 198
Modelo U Nivelado 55

N

NBR. *Consulte* ISO

O

OCSs xvii, 122, 240
On the job training 192, 203
Overhead 38

P

Partes envolvidas 34
Partes interessadas 43, 60, 165, 194, 196, 198–199, 233, 243
Patricia McLagan 225
Patricia Phillips 38
PDCA xvii, 37, 137
PDI xvii, 73, 115, 124, 243
Performance. *Consulte* Escala de performance
Pesquisa estimulada 152–153, 156–157. *Consulte* Escala em pesquisa estimulada
Pessoa com Deficiência - PcD 189
Pessoal Impatriado 141
Plano de treinamento 207
PMBOK xviii, 144–145
PMI xviii, 144
Pós-teste 140
Prêmio Ser Humano 106
Presenteísmo 87
Pré-teste 134, 135, 140
Psicodrama 203

R

Responsabilidade Social Corporativa 141, 203
Robert Mager 183–184
ROE xviii, 198–199
ROI xviii, 55, 63, 158, 199, 203, 223, 244
Russ-Eft e Preskill 51, 231–232

S

Samuel McClelland 103
Scott B. Parry 104, 238
SPSS xviii, 90, 99

ÍNDICE **253**

Stakeholders. *Consulte* Partes interessadas
Survey 60, 87, 91, 93, 244
SurveyMonkey 89, 93

T

Tânia Oliveira 88, 92
Task Analysis 60, 74, 129, 132, 145, 147, 150
Taxonomia 104, 191
Taxonomia de Bloom 85, 104, 131, 238, 245
Tipologia TOP 193
  Benefícios 196
TNA 40
Treinamento 151. *Consulte também* Isolar o efeito do treinamento
Treinamento como investimento 34
Treinamento na perspectiva organizacional 63

Trilha de aprendizagem 157
Turma heterogênea 188

V

Vargas e Abbad 119
Variável comportamental 87
Variável dependente 91
Variável independente 91
Volatilidade do conhecimento 70

W

Wick, Jefferson e Pollock 45

Z

Zemke e Kramlinger 105
Zgurovsky e Zaychenko 150

Projetos corporativos e edições personalizadas dentro da sua estratégia de negócio. Já pensou nisso?

Coordenação de Eventos
Viviane Paiva
viviane@altabooks.com.br

Assistente Comercial
Fillipe Amorim
vendas.corporativas@altabooks.com.br

A Alta Books tem criado experiências incríveis no meio corporativo. Com a crescente implementação da educação corporativa nas empresas, o livro entra como uma importante fonte de conhecimento. Com atendimento personalizado, conseguimos identificar as principais necessidades, e criar uma seleção de livros que podem ser utilizados de diversas maneiras, como por exemplo, para fortalecer relacionamento com suas equipes/ seus clientes. Você já utilizou o livro para alguma ação estratégica na sua empresa?

Entre em contato com nosso time para entender melhor as possibilidades de personalização e incentivo ao desenvolvimento pessoal e profissional.

PUBLIQUE
SEU LIVRO

Publique seu livro com a Alta Books.
Para mais informações envie um e-mail para: autoria@altabooks.com.br

 /altabooks   /alta-books   /altabooks  /altabooks

CONHEÇA
OUTROS LIVROS
DA **ALTA BOOKS**

Todas as imagens são meramente ilustrativas.

Este livro foi impresso nas oficinas gráficas da Editora Vozes Ltda.,
Rua Frei Luís, 100 – Petrópolis, RJ.